CONVERSACIONES
CON JESÚS

LECTURA
FÁCIL

CONVERSACIONES CON JESÚS

BHESPAÑOL.COM

OTTO SÁNCHEZ

Conversaciones con Jesús

Copyright © 2021 por Otto Sanchez
Todos los derechos reservados.
Derechos internacionales registrados.

B&H Publishing Group
Nashville, TN 37234

Diseño de portada e ilustración por Matt Lehman.
Director editorial: Giancarlo Montemayor
Coordinadora de proyectos: Cristina O'Shee

Clasificación Decimal Dewey: 231
Clasifíquese: RELIGIÓN/CRISTIANISMO/DIOS

ISBN: 978-1-0877-2854-4

Impreso en EE. UU.
1 2 3 4 5 * 24 23 22 21

CONTENIDO

Prefacio a la serie

Leer no tiene que ser difícil, ni mucho menos aburrido. El libro que tienes en tus manos pertenece a una serie de *Lectura fácil*, la cual tiene el propósito de presentar títulos cortos, sencillos, pero con aplicación profunda al corazón. La serie *Lectura fácil* te introduce temas a los que todo ser humano se enfrenta en la vida: gozo, pérdidas, fe, ansiedad, dolor, oración y muchos más.

Este libro lo puedes leer en unas cuantas horas, entre descansos en tu trabajo, mientras el bebé toma su siesta vespertina o en la sala de espera. Este libro te abre las puertas al mundo infinito de la literatura, y mayor aún, a temas de los cuáles Dios ha escrito ya en Su infinita sabiduría. Los autores de estos libros te apuntarán hacia la fuente de toda sabiduría: la Palabra de Dios.

Mi oración es que este pequeño libro haga un gran cambio en tu vida y que puedas regalarlo a otros que van por tu misma senda.

Gracia y paz,

Giancarlo Montemayor
Director editorial, Broadman & Holman

Introducción

Hay eventos, episodios y situaciones que nos dejan una marca y cambian nuestras vidas para siempre. Podría ser una conversación, un libro, un compañero anónimo en un viaje, una predicación, un suceso de dolor o una celebración. Lo cierto es que en nuestro caminar por este mundo, hay lecciones aprendidas que están escritas con tinta indeleble en nuestros corazones, grabadas en altos y bajos relieves en nuestras almas.

El mundo en que vivimos también es impactado por circunstancias que no olvidaremos; guerras, fenómenos naturales, enfermedades y conflictos políticos también dejan su impronta en todos los que vivimos en este planeta que llamamos Tierra. ¿Cuáles han sido las situaciones que más te han impactado? ¿Qué o a quién puso Dios en tu camino para ayudarte y bendecir tu vida?

He titulado este libro: «Conversaciones con Jesucristo. Encuentros que transforman vidas» porque, como veremos en los próximos capítulos, en la Biblia advertimos varios personajes que tuvieron un encuentro con la persona de Jesús, un encuentro que transformó sus vidas para siempre. El mensaje y la vida de Jesús tuvieron un impacto en ellos que los dejó marcados de por vida.

Evidentemente, Jesús fue una persona singular en la historia.

Nació en un pueblo escondido, hijo de una pobre mujer.

Creció en otro pueblo donde trabajó en una carpintería hasta los treinta años.

Después se convirtió en un predicador itinerante durante tres años.

Nunca escribió un libro.

Nunca montó una oficina.

Nunca tuvo una familia.

Nunca fue propietario de una casa.

Nunca fue a la universidad.

Nunca viajó a más de 200 millas de su lugar de nacimiento.

No hizo ninguna de las cosas que normalmente asociamos a la grandeza.

Tenía solo treinta y tres años cuando todo el peso de la opinión pública se le vino encima.

Sus amigos huyeron.

Le consideraron un enemigo.

Soportó una parodia de juicio.

Fue clavado en una cruz entre dos ladrones, mientras sus verdugos se sorteaban sus ropas, sus únicas posesiones en la tierra.

Y, cuando hubo muerto, fue abandonado en un sepulcro prestado.

Han transcurrido diecinueve siglos, pero el mundo continúa cautivado por él.

Todos los ejércitos que a lo largo de los siglos han desfilado.

Todas las fuerzas armadas que a lo largo de los siglos han navegado.

Todos los parlamentos que a lo largo de los siglos han deliberado.

Todos los reyes que a lo largo de los siglos han gobernado.

Todos juntos no han causado un efecto en la vida del hombre sobre la tierra como el producido por aquella ÚNICA VIDA SOLITARIA.[1]

No importa desde qué punto de vista lo veamos, la persona y el mensaje de Cristo pasan por los filtros de la antropología, la filosofía, la sociología y la política. El mensaje de Cristo ha sido el más relevante de la historia.

Sin embargo, aunque el crítico hostil no lo reconozca, la historia del mundo es antes y después de Cristo. Dice el escritor y parlamentario español Gabriel Elorriaga:

«La división de la historia en antes y después de Cristo no es solo una fórmula asumida como punto de referencia histórica, sino la consecuencia de una creencia de tan grandes repercusiones para el desarrollo de la humanidad que desbordan su propio marco confesional. Todas las grandes tendencias ético-religiosas [...] pero el cristianismo supuso algo distinto [...] es la única doctrina que parte de un ser (Dios) en la tierra sin intermediarios y es, por una religión distinta a las demás»[2] *y el testimonio de las Escrituras y las vidas transformadas constituyen su mayor fuerza.*

---

1. Clements, R., *La Iglesia que transformó al mundo* (Barcelona: Publicaciones Andamio, 1992), págs. 13-14
2. Ibíd.

Al margen de lo que pueda creerse o pensarse acerca de Él, Jesús de Nazaret ha sido la figura dominante de la historia y la cultura occidental durante casi veinte siglos.[3]

Conversaciones con Jesús

Es notable el tiempo que nuestro Señor dedicó a esos encuentros. Estos no fueron producto de la casualidad; siempre vemos a Cristo en busca de las personas:

> Y Jesús iba por toda Galilea... (Mateo 4:23).
> Y fue por toda Galilea... (Marcos 1:39).
> ... porque el Hijo del Hombre ha venido
> a buscar y a salvar lo que se había perdido
> (Lucas 19:10).

Por medio de estas conversaciones, vemos el especial interés de Jesús por las personas y el alcance de Su ministerio. Él estaba donde estaba la gente. No hacía exclusión por clases sociales sino que se concentraba en las necesidades de la gente, comenzando por sus corazones. Desde Judea a Galilea; hombres, mujeres y niños; judíos y extranjeros; pobres y ricos; creyentes y ateos; moralistas y perversos; todos tuvieron encuentros con Cristo.

Sin embargo, estas conversaciones no nos presentan una historia más. No son ni deberían ser leídas o escuchadas como informaciones interesantes sobre el pasado para entretenernos o alimentar

---

3. Ibíd.

la curiosidad o el intelecto. Estas historias salvan y cambian vidas porque Su protagonista vino con ese propósito. Según el teólogo británico, John Stott, existen por lo menos tres características que distinguen la grandeza de estas conversaciones:

En primer lugar, *Jesús es el centro de la historia*. Al menos una gran proporción de la raza humana sigue dividiendo la historia entre antes y después de Jesucristo: En el año 2000 la población mundial llegó a los 6.000 millones y el número de cristianos era de unos 1.700 millones, es decir el 28%. De modo que casi una tercera parte de la raza humana profesa seguirle.

En segundo lugar, *Jesús es el centro de atención de la Escritura*. La Biblia no es una colección aleatoria de documentos religiosos. Como dijo el propio Jesús: «Las Escrituras [...] dan testimonio de mí» (Juan 5:39). Y los eruditos cristianos siempre lo han reconocido. Jerónimo, por ejemplo, el gran Padre de la iglesia de los siglos IV y V, escribe que «la ignorancia de la Escritura es ignorancia de Cristo». Es muy interesante que, en el siglo XVI, tanto Erasmo, el humanista del Renacimiento, como Lutero, el reformador, subrayaron la misma centralidad de Cristo. La Biblia «te dará a Cristo —escribió Erasmo— en tan cercana intimidad que este te sería menos visible si estuviera ante tus ojos». Asimismo, Lutero, en sus *Charlas en Romanos*, deja claro que

Cristo es la clave de la Escritura. En su nota explicativa de Romanos 1:5 escribió: «Aquí se nos abre de par en par la puerta para el entendimiento de las Santas Escrituras, a saber, que todo ha de entenderse en relación con Cristo». Y más adelante escribió: «la totalidad de la Escritura se ocupa en todas partes, solamente, de Cristo».

En tercer lugar, *Jesús es el corazón de la misión*. ¿Cuál es la razón por la que algunos cristianos recorren cielo y tierra, continentes y culturas, para trabajar como misioneros? ¿Qué es lo que los impulsa? No lo hacen con el objetivo de promocionar una civilización, una institución o una ideología, sino a una persona: Jesucristo; y lo hacen porque creen que es único. Esto es especialmente obvio cuando se trata de misiones cristianas a países islámicos.

«Nuestra tarea —escribió con erudición el obispo misionero Stephen Neill— consiste en seguir diciéndole al musulmán con infinita paciencia, "señor, considere a Jesús". No tenemos otro mensaje... Lo que sucede no es que el musulmán haya visto a Jesús de Nazaret y le haya rechazado; es que nunca lo ha visto...».[4]

---

4. Stott, J. *Cristo, el incomparable* (Barcelona: Publicaciones Andamio, 2009), págs. 19-20.

ESTAS HISTORIAS TAMBIÉN
TIENEN QUE VER CON NOSOTROS

Estas historias también tienen que ver con nosotros porque representan la vida del drama humano, del teatro de la historia, del viaje que todos transitamos. Validan nuestras luchas, las caídas, las derrotas, las lágrimas y las noches más oscuras, pero también muestran los triunfos, los cumpleaños, las risas, la serenidad, la paz y la calma. Estos encuentros con Jesucristo plasman la historia de la vida de cada uno de nosotros. A estas conversaciones las aceptamos o las rechazamos en la medida que hablen de nosotros. Un teórico del género de ópera afirma que «las canciones o historias que más nos gustan no son aquellas que hablan del compositor sino las que hablan de nosotros».[5]

Somos inquietados por las mismas afirmaciones de Nicodemo sobre la identidad de Cristo. Nos podemos sorprender del valor y el reconocimiento de la dignidad de la mujer por Su encuentro con la samaritana, la mujer adúltera o las mujeres que formaban parte de Su ministerio. Antes de que los liberales usaran el término «inclusividad», Jesús con Su alcance nos modela que para Él no hay marginados ni encumbrados. Estas citas divinas con distintas personas con las mismas necesidades hacen que el mensaje de Cristo siempre sea pertinente en cualquier época o cultura.

---

5. Ramón Gener, en la conferencia magistral *Pasión por la ópera,* en el Teatro Nacional, Santo Domingo. 22 de febrero de 2017.

¿Con quién conversas sobre los aspectos de tu alma? ¿Quién arbitra en las tensiones que se dan entre tu mente y tu corazón? ¿Tienes la costumbre de conversar y buscar el consejo de personas sabias? ¿Cuál es el perfil de las personas que más influyen en tu vida?

Por supuesto que estas preguntas tienen sentido si es que conversamos de nosotros con los demás. Hay personas herméticas, blindadas y selladas que no hablan con nadie. Estas están tan mal como aquellos que hablan con quienes no deben. No obstante, pretendo a través de estas narrativas traer respuestas a todas estas preguntas.

En estas historias, vemos dos aspectos importantes:

• El que tiene que ver con Jesús.

• El que tiene que ver con las personas.

Pero antes de analizar estos dos aspectos, permíteme resumir algunos elementos históricos muy importantes para ubicarnos en contexto.

UN POCO DE CONTEXTO HISTÓRICO

Jesús marca un gran contraste con el ambiente religioso de Su época, donde estaban los líderes del oficialismo religioso judío quienes eran distantes, clasistas y opresores. Si vamos a lo que Él mismo dice de ellos, podemos tener una idea:

Atan cargas pesadas y difíciles de llevar, y las ponen sobre las espaldas de los hombres, pero ellos ni con un dedo quieren moverlas. Sino que hacen todas sus obras para ser vistos por los hombres; pues ensanchan sus filacterias y alargan los flecos de sus mantos; aman el lugar de honor en los banquetes y los primeros asientos en las sinagogas, y los saludos respetuosos en las plazas y ser llamados por los hombres Rabí (Mateo 23:4-7).

Todo esto sin contar los ocho ayes (lamentos de dolor) que dice sobre los escribas y fariseos (Mateo 23:13-36).

Por otro lado, está la religiosidad de la mitología griega que los romanos habían hecho suya pero con sus propias versiones. Pierre Grimal, famoso y reputado historiador y latinista francés, uno de los grandes expertos en historia de la civilización romana, dice lo siguiente en su libro del mismo nombre:

Los dioses romanos no habían promulgado un decálogo [...] a fin de imponer sus imperativos. [...] Los dioses no ordenan a los hombres conducirse diariamente de tal o cual manera; no les exigen otra cosa que no sea el cumplimiento de los ritos tradicionales. A este precio prometen mantener su acción benefactora: Júpiter enviará la lluvia [...]; Marte protegerá los ejércitos [...]. Fiebre asegurará la salud, [...] Fauno y Pales darán caza a los lobos y los alejarán de

los rebaños. [...] La religión romana parece
con frecuencia muy fría.[6]

Griegos y romanos tenían los mismos dioses con
nombres diferentes.

Nombre helénico	Atribución	Nombre romano
Cronos	dios del tiempo	Saturno
Gea	diosa de la tierra	Tellus
Zeus	dios del universo	Júpiter
Hera	diosa del matrimonio	Juno
Atenea	diosa de la sabiduría	Minerva
Artemisa	diosa de la caza	Diana

Esta religiosidad hebrea como la del mundo grecorromano fue la que encontró Cristo. La primera,
una religión compleja y corrompida por sus líderes, y la otra, frívola e impersonal. ¡Qué gran contraste marca nuestro Señor con Su mensaje y Sus
acciones! En un mundo lleno de injusticias y con-
tradicciones, nuestro Señor marca la diferencia:

• En Su aceptación de los niños.

• En Su actitud hacia las mujeres.

---

6. Grimal, Pierre., *La civilización romana* (España: Editorial
Planeta, 1999), págs. 70-71.

- En Su relación con los extranjeros (tanto romanos como samaritanos).

- Con los ricos y los pobres.

- Con los marginados de la sociedad.

- Con los enfermos.

Sin embargo, esta gracia, aunque nos beneficia como raza humana, tuvo un precio muy alto para nuestro Señor. Creo que uno de los textos que mejor describe la trascendencia de la obra de Cristo y de su alcance a favor de todos nosotros es Filipenses 2:5-8:

> Haya, pues, en vosotros esta actitud que hubo también en Cristo Jesús, el cual, aunque existía en forma de Dios, no consideró el ser igual a Dios como algo a qué aferrarse, sino que se despojó a sí mismo tomando forma de siervo, haciéndose semejante a los hombres. y hallándose en forma de hombre, se humilló a sí mismo, haciéndose obediente hasta la muerte, y muerte de cruz.

Es esta acción de Cristo, de Su humillación, lo que nos muestra la grandeza de Su gracia por nosotros. Observa lo que dice el texto:

> ... sino que se despojó a sí mismo tomando forma de siervo, haciéndose semejante a los hombres (v. 7).

Este texto es uno de los más notorios de esta obra de Cristo a favor de nosotros. Spurgeon, en su genialidad, nos dice lo siguiente:

> Se despojó a sí mismo de todo su honor, de toda su gloria, de toda su majestad y de toda reverencia ofrecida a Él por parte de todos los santos espíritus alrededor de su trono [...] hecho semejante a los hombres. Qué maravillosa es esa encarnación, que el Dios eterno uniera nuestra naturaleza humana consigo mismo, naciera en Belén, viviera en Nazaret, y muriera en el calvario para beneficio nuestro. Él era el Creador, y lo vimos aquí en la tierra como una criatura; era el Creador que hizo los cielos y la tierra y sin Él nada de lo que ha sido hecho, fue hecho; aun así, estuvo en el vientre de una virgen. Nació y fue recostado allí donde los bueyes son alimentados. El Creador fue también una criatura. El Hijo de Dios fue el Hijo del hombre. ¡Extraña combinación! ¿Podría la benevolencia ser más grande que el Infinito y el Omnipotente uniéndose a un infante, a la debilidad de un bebé recién nacido?[7]

Ubicados en contexto, analicemos ambos aspectos de las conversaciones con Jesús.

---

7. Spurgeon, C., *Comentario Spurgeon: Filipenses* (Bellingham, WA: Tesoro Bíblico Editorial; Lexham Press, 2017), Fil. 2:7.

Primer aspecto de las conversaciones con Jesucristo

Es vital que la persona con quien hablemos de nuestras vidas tenga ciertas características, que podemos resumir en tres fundamentales:

- Integridad

- Capacidad

- Experiencia

Nuestro Señor Jesús gozaba de las tres. Por eso se podía distinguir de los demás. Veamos algunas expresiones de quienes lo veían o escuchaban:

> Cuando Jesús terminó estas palabras, las multitudes se admiraban de su enseñanza; porque les enseñaba como uno que tiene autoridad, y no como sus escribas (Mateo 7:28-29).
>
> Entonces los alguaciles vinieron a los principales sacerdotes y fariseos, y éstos les dijeron: ¿Por qué no le trajisteis? Los alguaciles respondieron: ¡Jamás hombre alguno ha hablado como este hombre habla! Entonces los fariseos les contestaron: ¿Es que también vosotros os habéis dejado engañar? (Juan 7:45-47).

Nuestro Señor buscaba a la gente y la gente respondía a esa iniciativa de nuestro Señor. Se sentía identificada, amada, comprendida. Esa es una de las grandes diferencias entre Cristo y el contexto religioso judío y grecorromano que hemos visto. Él estaba donde estaban las personas, a eso vino. Pero esta búsqueda y acercamiento estimula la seguridad en quien es alcanzado por Él, porque Él es digno de confianza por Su integridad, Su capacidad y Su experiencia. Mira cómo lo dice el autor de la Epístola a los Hebreos:

> Porque no tenemos un sumo sacerdote que no pueda compadecerse de nuestras flaquezas, sino uno que ha sido tentado en todo como nosotros, pero sin pecado (Hebreos 4:15). Nuestro Sumo Sacerdote comprende nuestras debilidades, porque enfrentó todas y cada una de las pruebas que enfrentamos nosotros, sin embargo él nunca pecó (Hebreos 4:15, NTV).

Segundo aspecto de las conversaciones con Jesucristo

Hemos visto las razones que tenemos para hablar con Jesucristo. La primera tiene que ver con Su persona, con quién es Él. La segunda tiene que ver con quiénes somos nosotros. ¿Quién soy? ¿Quién es el hombre? Son preguntas antropológicas que forman parte de otras, como: ¿De dónde vengo? y ¿Adónde voy?

> Se cuenta una historia de Arthur Schopenhauer, el filósofo alemán del pesimismo del siglo xix. Un día estaba sentado en un

banco de un parque de Frankfurt. Se le veía andrajoso y desaliñado (¡tal como lo están a veces los filósofos occidentales!), por lo que el guardia del parque lo tomó por un vagabundo. Le preguntó bruscamente «¿Quién es usted? ¿De dónde viene? ¿A dónde va?», a lo que el filósofo respondió amargamente «¡Ojalá lo supiera!».[8]

La Biblia nos enseña que somos criaturas de Dios, y por ser criaturas de Dios, somos únicos e irrepetibles. Es mucho lo que se ha escrito sobre nuestra identidad, quiénes somos realmente como *imago Dei* y seres únicos e irrepetibles. «La primera declaración que la Biblia hace del ser humano es que somos hechos a imagen y semejanza de Dios. Esta afirmación a menudo se toma como el punto de partida de la antropología teológica y el concepto central para entender lo que significa ser humano como Dios lo diseñó».[9]

Decir que Dios nos hizo nos da una gran esperanza, porque al hacernos también nos comprende. Somos criaturas, hijos y personas. Como tales, tenemos sentimientos y emociones. Somos cuerpo y alma o cuerpo y espíritu. Somos seres complejos que solo Dios, como nuestro Hacedor y Creador, comprende y llena totalmente.

8. Stott, J., *Por qué soy cristiano* (Barcelona: Andamio, 2007), pág. 58.

9. Cortez, Marc, *Theological Anthropology* (Londres: T&T International, 2010), pág. 10.

Las conversaciones con Jesucristo nos muestran estas dos realidades: Dios, por medio de Su Hijo, y nosotros como Sus criaturas. Todos encontramos salvación, comprensión y esperanza en nuestros encuentros y diálogos con nuestro Señor Jesucristo.

Por tanto, estaremos viendo diversas conversaciones con Jesús, encuentros que transformaron la vida de hombres y mujeres. Conversaciones que tienen mucho que enseñarnos acerca de la persona de Jesús y de nosotros mismos.

El criterio usado para seleccionar estas historias tiene que ver con su alcance y diversidad. Desde un líder religioso hasta una mujer extranjera de reputación dudosa, la diversidad de las personas alcanzadas por Cristo está registrada en los Evangelios Sinópticos y el Evangelio de Juan. Dos de estos evangelistas fueron discípulos directos de Cristo y los otros dos (Marcos y Lucas) de Pedro y Pablo, respectivamente.

CAPÍTULO 1

Un rico moralista
y religioso

El apóstol Juan, quien escribe toda la narrativa del Evangelio que lleva su nombre, no solo era uno de los doce discípulos de Jesús, sino también uno de los más cercanos. De hecho, pertenecía al círculo más íntimo del Señor junto con Jacobo, su hermano, y Pedro. Fue convidado a ser parte de los discípulos por el mismo Cristo mientras estaban en su oficio de pescadores (Marcos 1:19-20). Juan nos presenta en su narrativa uno de los aspectos más importantes relacionados con Cristo, y es lo que teológicamente se llama la *encarnación,* que es la doctrina cristiana que sostiene que Cristo es Dios hecho carne (Juan 1:1-14; 2 Corintios 8:9). Esto quiere decir que Cristo es Dios y es hombre a la vez. Esto es de vital importancia porque nos presenta a un Dios cercano, al alcance de todos, en contraste con los dioses grecorromanos, distantes y cambiantes; temperamentales y contradictorios. No, Cristo es todo lo contrario. Una de las grandes utilidades prácticas de esta doctrina es que el Señor sabe lo que sentimos; no por percepción, sino porque lo vivió. El autor de Hebreos dice:

> Nuestro Sumo Sacerdote comprende nuestras debilidades, porque enfrentó todas y cada una de las pruebas que enfrentamos nosotros, sin embargo, él nunca pecó. Así que acerquémonos con toda confianza al trono de la gracia de nuestro Dios. Allí recibiremos su misericordia y encontraremos la gracia que nos ayudará cuando más la necesitemos (Hebreos 4:15-16, NTV).

Esto quiere decir que el Señor nos entiende porque vivió todas las circunstancias que enfrentamos hoy, con la gran diferencia de que Él nunca pecó. Por eso podemos acercarnos al trono de la corte real de la gracia con confianza para clamar pidiendo ayuda, con la certeza de que Él nos entenderá por medio de Cristo.

LAS INQUIETUDES DE UN INTELECTUAL

Desde el más encumbrado hasta el más humilde de los mortales, desde el más estudioso hasta el más iletrado; todos, sin importar la raza, el color, el idioma ni los cánones de belleza que rijan, todos —absolutamente todos— tenemos necesidades, inquietudes, interrogantes, dudas, sueños, ilusiones y frustraciones.

Los Evangelios narran diversas conversaciones de personas con nuestro señor Jesucristo. En diferentes lugares y contextos, estas reuniones revelan el profundo impacto que estos encuentros tuvieron en las vidas de todos aquellos que hablaron con Él, porque tener una relación personal con Él es la necesidad más grande del ser humano.

El perfil de estas personas es muy diverso porque se trata de obreros, amas de casas, mendigos, enfermos físicos y mentales, empresarios, intelectuales, religiosos, militares, civiles, hombres y mujeres tanto judíos como extranjeros. A pesar de la variedad de esta lista, todos ellos tenían algo en común: conversaron con Jesucristo.

El personaje que veremos en este capítulo venía de una familia prominente y aristócrata. Tenía una vida llena de éxito como pocos en su época. Su perfil profesional lo hacía sobresalir entre sus iguales, y se ganaba el respeto y el reconocimiento de todos los que lo conocían o por lo menos sabían de él. Datos históricos no canónicos revalidan parte de la historia de la persona que veremos a continuación. Leamos:

> Había un hombre de los fariseos, llamado Nicodemo, prominente entre los judíos. Este vino a Jesús de noche y le dijo: Rabí, sabemos que has venido de Dios como maestro, porque nadie puede hacer las señales que tú haces si Dios no está con él.

Respondió Jesús y le dijo: En verdad, en verdad te digo que el que no nace de nuevo no puede ver el reino de Dios. Nicodemo le dijo: ¿Cómo puede un hombre nacer siendo ya viejo? ¿Acaso puede entrar por segunda vez en el vientre de su madre y nacer? Jesús respondió: En verdad, en verdad te digo que el que no nace de agua y del Espíritu no puede entrar en el reino de Dios. Lo que es nacido de la carne, carne es, y lo que es nacido del Espíritu, espíritu es. No te asombres de que te haya dicho: «Os es necesario nacer de nuevo». El viento sopla donde quiere, y oyes su sonido, pero no sabes de dónde viene ni adónde va; así es todo aquel que es nacido del Espíritu. Respondió Nicodemo y le dijo: ¿Cómo puede ser esto? Jesús respondió y le dijo: Tú eres maestro de Israel, ¿y no entiendes estas cosas? En verdad, en verdad te digo que hablamos lo que sabemos y damos testimonio de lo que hemos visto, pero vosotros no recibís nuestro testimonio. Si os he hablado de las cosas terrenales, y no creéis, ¿cómo creeréis si os hablo de las celestiales? Nadie ha subido al cielo, sino el que bajó del cielo, es decir, el Hijo del Hombre que está en el cielo. Y como Moisés levantó la serpiente en el desierto, así es necesario que sea levantado el Hijo del Hombre, para que todo aquel que cree, tenga en Él vida eterna (Juan 3:1-15).

La necesidad de Jesucristo en la vida de Nicodemo llama la atención, porque él no era un individuo común y corriente; como dice el texto, era un «prominente [principal] entre los judíos» (v. 1).

Nicodemo era un fariseo, los cuales en ese tiempo llegaban a unos 6000. Eran los encargados de hacer cumplir las leyes y mantener su pureza. Formaban una especie de hermandad o fraternidad religiosa muy preparada, y debían dominar la Torá o ley hebrea (los cinco primeros libros del Antiguo Testamento). El Diccionario Bíblico Lexham dice lo siguiente de los fariseos: «Practicaban una estricta piedad de acuerdo con la ley mosaica. Los fariseos fueron una secta del judaísmo temprano, llegaron a estar activos alrededor del año 150 a.C. y perduraron como una secta separada hasta ser integrados al movimiento rabínico alrededor del año 135 d.C. [...] El término "fariseo" proviene de la palabra aramea פרש (*prsh*), que significa "separar", "dividir", o "distinguir"».[1]

La Enciclopedia Británica también los menciona: «Fariseo, miembro de un partido religioso judío que floreció en Palestina durante la última parte del período del Segundo Templo (515 a.C.-70 d.C.). La insistencia de los fariseos en la fuerza vinculante de la tradición oral ("la Torá no escrita") sigue siendo un principio básico del pensamiento teológico judío. Cuando

---

1. Johnson, B. *Fariseos*. En J. D. Barry & L. Wentz (Eds.), *Diccionario Bíblico Lexham* (Bellingham, WA: Lexham Press, 2014).

la Mishna (la primera parte constituyente del Talmud) se compiló alrededor del año 200 EC, incorporó las enseñanzas de los fariseos sobre la ley judía».[2]

Por lo tanto, Nicodemo era un experto en las leyes hebreas. Además de lo que hemos dicho, el texto bíblico afirma que era un principal entre los fariseos, y por supuesto, entre los judíos. En otras palabras, era un miembro del Sanedrín o Corte Suprema, la más alta entidad gubernamental de los judíos, que constaba de 70 miembros. El Sanedrín ejercía la jurisdicción tanto civil como penal, de acuerdo con la ley judía. Sin embargo, en caso de pena de muerte, requerían la autorización del procurador romano. Para que Nicodemo llegara a esta posición, debía ostentar un conocimiento y una sabiduría sobresalientes.

Su intelectualidad no fue suficiente para llenar su alma

Normalmente, desde los doce años, los jóvenes comenzaban su carrera rabínica o de maestro de la ley hebrea, lo que quiere decir que literalmente dedicaban toda su vida al estudio. Nicodemo se destacaba en el ejercicio de sus funciones y, por ende, sobresalía por encima de los demás. Como líder, debió hacer aportes que revalidaran la posición que ostentaba. Pero ¿qué le faltaba a Nicodemo que, a pesar de su posición de liderazgo,

2. *Brittanica Encyclopidia*, versión web: https://www.britannica.com/topic/Pharisee

su conocimiento y sabiduría, tuvo que buscar a Jesús?

A Nicodemo definitivamente la faltaba algo, pero ese algo que le faltaba era todo. Tenía un manejo excepcional de las leyes (248 mandamientos y 365 permisos). Dominaba la jurisprudencia hebrea como pocos. Dotado de inteligencia, algo le faltaba, ya que tuvo que ir a Jesús.

La Biblia enseña que el conocimiento y la sabiduría vienen de Dios. Podemos tener muchos títulos, las mejores universidades, los mejores posgrados, pero si no tenemos a Cristo, de nada nos sirven. No estamos diciendo que los estudios y el cúmulo de conocimiento sean malos; al contrario, necesitamos estudiar, desarrollarnos, prepararnos lo mejor posible, ir a las mejores universidades si es posible, devorar todos los libros a nuestro alcance, amar la lectura, el estudio, la investigación, el experimento, hacer de las bibliotecas nuestras casas, navegar por los ríos de tintas, preguntar y pagar el precio de la intelectualidad. Esas cosas no son malas; son necesarias para la vida. El conocimiento nos hace la vida más fácil. Sin embargo, todo lo que podamos acumular intelectualmente sin Cristo no nos sirve de nada. Un ejemplo de intelectualidad sin Cristo fue Saulo de Tarso:

> ... aunque, si alguien pudiera confiar en sus propios esfuerzos, ese sería yo. De hecho, si otros tienen razones para confiar en sus propios esfuerzos, ¡yo las tengo aún más! Fui circuncidado cuando tenía ocho días de vida. Soy un ciudadano de Israel de pura cepa y

miembro de la tribu de Benjamín, ¡un verdadero hebreo como no ha habido otro! Fui
miembro de los fariseos, quienes exigen la
obediencia más estricta a la ley judía. Era tan
fanático que perseguía con crueldad a la iglesia, y en cuanto a la justicia, obedecía la ley al
pie de la letra. (Filipenses 3:4-6, NTV)

Pablo, un meticuloso y estricto fariseo, confiesa
después:

Antes creía que esas cosas eran valiosas,
pero ahora considero que no tienen ningún
valor debido a lo que Cristo ha hecho. Así
es, todo lo demás no vale nada cuando se
le compara con el infinito valor de conocer
a Cristo Jesús, mi Señor. Por amor a él, he
desechado todo lo demás y lo considero
basura a fin de ganar a Cristo y llegar a ser
uno con él. Ya no me apoyo en mi propia
justicia, por medio de obedecer la ley; más
bien, llego a ser justo por medio de la fe en
Cristo (Filipenses 3:7-9, NTV).

El conocimiento, la inteligencia, los logros pro-
fesionales, los ascensos y las ovaciones de los
demás sin Cristo no trascienden. Son vanidades
que, aunque faciliten la vida terrenal, no tienen el alcance para sondear las profundidades
del alma y llevarnos a una relación auténtica y
plena con Jesucristo. La Biblia dice al respecto
(RVR1960):

- Con Dios está la sabiduría y el poder; suyo es el consejo y la inteligencia. (Job 12:13)

- ... Perfecto en sabiduría... (Job 37:16)

- El principio de la sabiduría es el temor de Jehová... (Proverbios 1:7)

- Porque Jehová da la sabiduría, y de su boca viene el conocimiento y la inteligencia. Él provee de sana sabiduría a los rectos... (Proverbios 2:6-7)

Nicodemo vino a Jesús porque reconoció que a pesar de todo el conocimiento que tenía, le hacía falta el más importante. Al igual que sus colegas, a Nicodemo lo perturbaba la sabiduría del carpintero, sin saber que aquel carpintero era Dios. Notó que le faltaba el verdadero conocimiento que conduce a la vida eterna, que llena, que regenera, que guía y bendice, porque ese conocimiento viene de Dios. Esa realidad fue la que llevó al apóstol Pablo a decir: «Pero cuantas cosas eran para mi ganancia, las he estimado como pérdida por amor de Cristo» (Filipenses 3:7, RVR1960). Y el profeta Oseas dijo: «Mi pueblo fue destruido porque le faltó el conocimiento» (Oseas 4:6, RVR1960).

Joy Gresham fue una escritora estadounidense. En su juventud, fue una radical atea, hasta que se convirtió a Cristo en la segunda mitad de la década de 1940. Estas fueron sus palabras: «Todas mis defensas —las murallas de arrogancia, certidumbre y egoísmo que habían ocultado a Dios— se derrumbaron... y entonces, Él entró».[3]

Se casó con el famoso erudito de Oxford y Cambridge C. S. Lewis (1898-1963), crítico literario, escritor de ficción para niños y apologista cristiano. Lewis era gran amigo de T. S. Eliot, J. R. R. Tolkien y C. K. Chesterton. Juntos, fueron de los más influyentes intelectuales cristianos durante el período de la Segunda Guerra Mundial. Lewis, autor de éxitos como *Cartas del diablo a su sobrino*, *Mero cristianismo*, la saga de *Las crónicas de Narnia*, etc., al igual que su esposa Joy Gresham, narra parte de lo que fue su encuentro con Jesucristo:

> Tienes que imaginarme solo en mi habitación en Magdalen, noche tras noche sintiendo, cada vez que mi mente se apartaba por un segundo de mi trabajo, la aproximación constante e implacable de Aquel a quien tan sinceramente esperaba no ver. Me había encontrado con aquello que tanto temía. En aquel trimestre de 1929, en Trinity, me rendí, y admití que Dios era Dios, y me arrodillé y oré: siendo quizá, en aquella noche, el más abatido y reticente convertido de toda Inglaterra. No veía entonces lo que ahora me parece tan brillante y obvio: la humildad Divina que acepta a un convertido aún en esos términos. El Hijo Pródigo por

3. Wilson, A. N., *C. S. Lewis: A Biography* (Nashville, TN: HarperCollins), edición de Kindle, posición 4232.

lo menos volvió a su casa por su propio pie.
Pero ¿quién puede adorar como se merece
ese amor que abre sus puertas de par en par
a un pródigo que es traído de vuelta pata-
leando, luchando, resentido y buscando con
la mirada en todas direcciones para encontrar una oportunidad de escape? [...] La
dureza de Dios es más amable que la ternura
de los hombres, y su insistencia es nuestra
liberación.[4]

Cuán difícil se le hace a un moralista religioso
entender que tiene una profunda necesidad de Dios.
Cuán escarpado puede ser el ego silente de aquellos
que han tenido éxito sin una dependencia de quien
se lo dio. Qué complejos pueden ser los enredos de
las madejas del alma que cree que solo necesita a
Dios cuando cree que lo necesita. Qué inestables
pueden ser los pensamientos en torno a la vida
espiritual donde hoy crees y mañana no. Cómo los
vientos de prosperidad pueden mecer al alma dur-
miéndola en sus relativos triunfos. En todos estos
casos, el resultado es el mismo: vivir sin Dios.

La necesidad de Jesucristo en la vida de Nicodemo llama la atención porque él no era un individuo común y corriente. Era un intelectual, un
jurista sobresaliente, un principal entre los de su
clase. Se paseaba por los pasillos más distinguidos
del poder político y social de la sociedad hebrea
de su tiempo. Sin embargo, su intelectualidad

---

4. Stott, J., *Por qué soy cristiano* (Barcelona: Andamio, 2007),
págs. 24-25.

no fue suficiente como para ignorar al modesto carpintero de Nazaret, al predicador itinerante que no pasaba inadvertido ni por los de arriba ni por los de abajo. No pudo resistirse al que arrancaba de los corazones reacciones de amor o de odio, de gratitud o de olvido.

> Había un hombre de los fariseos, llamado Nicodemo, prominente entre los judíos. Este vino a Jesús de noche y le dijo: Rabí, sabemos que has venido de Dios como maestro, porque nadie puede hacer las señales que tú haces si Dios no está con él... (Juan 3:1-3).

SU POSICIÓN ECONÓMICA NO PUDO SATISFACER LA NECESIDAD DE SU ALMA

Los fariseos procedían de las clases media y alta de aquellos tiempos, y casi todos eran hombres de negocios. Para llegar a ser fariseo, existían dos caminos: la política o la casta familiar. En ambos casos, debían hacer una inversión en estudio que, para el hombre promedio, resultaba inalcanzable. Por esto, deducimos que Nicodemo tenía el escaso privilegio de la libertad económica. Encontramos algunas evidencias bíblicas que sugieren o confirman su perfil de persona con ciertas autonomías en el área financiera.

> También Nicodemo, el que antes había visitado a Jesús de noche, vino trayendo un compuesto de mirra y de áloes, como de cien libras (Juan 19:39, RVR1960).

Algunos estudiosos, como William Barclay, reflejan que Nicodemo procedía de una familia aristócrata de Jerusalén: «Allá por el año 63 a.C., cuando los romanos y los judíos habían estado en guerra, el líder Aristóbulo envió a un cierto Nicodemo como embajador al emperador romano Pompeyo. Mucho más tarde, en los terribles últimos días de Jerusalén, el que negoció la rendición fue un cierto Gorión, hijo de Nicodemo». Bien puede ser que ambos hombres pertenecieran a la misma familia que nuestro Nicodemo, y que fuera una de las familias más distinguidas de Jerusalén. Si eso es cierto, es sorprendente que este aristócrata judío venga a este profeta sin hogar que había sido el carpintero de Nazaret, para poder hablar con él acerca de su alma.[5]

El liderazgo, la influencia social y el poder económico no lograron calmar a Nicodemo. Sus bienes materiales y su glamur se quedaban cortos ante las necesidades eternas de su alma. ¡Intelectual y rico, qué más pedir! Normalmente los seres humanos ponen sus esperanzas en el dinero y en la ciencia como medios de superación y supervivencia. Lamentablemente, siempre ha sido así. Leslie Stevenson, en Siete teorías de la naturaleza humana, enumera las opiniones influyentes sobre la naturaleza humana iniciadas por pensadores prominentes que influyeron en sociedades enteras.

---

5. Barclay, W., *The Gospel of John* (Edinburgh: Saint Andrew Press, 2001), vol. 1, pág. 144.

- Platón consideró que nuestro mayor problema era el cuerpo físico y su debilidad.

- Para Marx, eran los sistemas económicos injustos.

- Para Freud, los conflictos internos entre el deseo y la conciencia.

- Para Sartre, era no darse cuenta de que somos completamente libres ya que no hay valores objetivos.

- Para B. F. Skinner, era no darse cuenta de que estamos completamente determinados por nuestro ambiente.

- Para Konrad Lorenz, era nuestra agresión innata debido a nuestro pasado evolutivo.

Cada una de estas cosmovisiones es una historia que confirma que algo no anda bien en el mundo.[6]

Un artículo publicado por la revista *Forbes* titulado «Parábola de los nueve financieros», que relata la vida de empresarios muy famosos y ricos, cuenta lo siguiente:

En 1923, un grupo de los financistas más exitosos del mundo se reunieron en el hotel Edgewater Beach de Chicago. En conjunto, estos magnates tenían bajo su control más riquezas de

---

6. Keller Tim, *Toda buena obra* (Nashville, TN: B&H Publishing Group, 2018), pág. 163.

las que había en el tesoro de los Estados Unidos en ese momento. Año tras año, los periódicos y las revistas habían publicado las historias de éxito de sus vidas, animando a la juventud de la nación a seguir su ejemplo. Veintisiete años más tarde, veamos lo que sucedió con siete de ellos:

Jesse Livermore, magnate de Wall Street, se suicidó.

León Fraser, presidente del banco Bank of International Settlement, también se suicidó.

Ivar Kruegar, líder del monopolio más grande del mundo, se suicidó.

Charles Schwab, presidente de la metalúrgica más grande, vivió con dinero prestado durante los últimos cinco años de su vida. Murió sin un centavo.

Arthur Cutten, el productor más famoso de cereales murió insolvente, fuera de su país.

Richard Whitney, presidente de la Bolsa de Nueva York, estuvo mucho tiempo en la prisión Sing Sing.

Albert Fall, miembro del gabinete de un presidente, fue perdonado para poder morir fuera de prisión, en su hogar.[7]

Todos estos hombres habían aprendido a hacer dinero, pero ni siquiera uno había aprendido cómo disfrutar de una vida exitosa. El dinero no puede comprar tan solo un minuto de reposo o

---

7. Artículo original en inglés *titulado «The Nine Financiers, a Parable About Power»* [Los nueve empresarios; una parábola sobre el poder], por Joshua Brown. Publicado en *Forbes*, 22 de julio de 2012.

paz interior. Tampoco puede comprar un éxito perdurable. ¿Cuántos de nosotros hemos oído hablar alguna vez de estos siete hombres o de sus logros?

La vida de Nicodemo nos dice algo que es confirmado por lo que tantas celebridades ricas y famosas dijeron al reconocer que no son felices a pesar de todo su dinero y su fama. Por ejemplo:

> «Si yo no soy feliz, entonces nadie es feliz», Shah Rukh Khan.[8]

> «Creo que todos deberían hacerse ricos y famosos y hacer todo lo que siempre soñaron, para que puedan ver que esa no es la respuesta», Jim Carrey.[9]

El dinero es necesario y puede brindar una *dolce vita*. Las marcas de pasarela y las propuestas de Milán pueden ser deslumbrantes. Las riquezas en ocasiones pueden calmar los nervios y permitirnos disfrutar de una estupenda travesía en crucero por las islas griegas, caminar sobre los puentes de Praga, ir a los paradisíacos spas de las islas Fiji o pasar una velada degustando la gastronomía francesa. Pero a pesar de todo eso que podemos disfrutar, la vida de Nicodemo

---

8. https://www.livemint.com/Leisure/LRzVFK9xdUq8 GsVsoaBhiM/If-Im-not-happy-then-nobody-is-happy-Shah-Rukh-Khan.html

9. https://www.goodreads.com/quotes/1151805-i-think -everybody-should-get-rich-and-famous-and-do

confirma que hay una necesidad más profunda en el corazón del hombre que ni la ciencia ni las riquezas, con todo lo que ofrecen, pueden llenar.

Hay algo mal dentro de nosotros y por lo tanto algo muy mal entre nosotros. Y es que necesitamos comprender que la vida no consiste en ninguna de esas cosas. La Biblia dice (RVR1960):

- Ciertamente como una sombra es el hombre; ciertamente en vano se afana; amontona riquezas, y no sabe quién las recogerá (Salmo 39:6).

- No aprovecharán las riquezas en el día de la ira (Proverbios 11:4).

- Mas buscad primeramente el reino de Dios y su justicia, y todas estas cosas os serán añadidas (Mateo 6: 33).

- Porque ¿qué aprovechará al hombre, si ganare todo el mundo, y perdiere su alma?... (Mateo 16:26).

- ... porque la vida del hombre no consiste en la abundancia de los bienes que posee (Lucas 12 15).

Nicodemo necesitó un encuentro con Jesús. Lo tenía todo y no tenía nada, porque para tenerlo todo hay que tener al Señor. La Biblia afirma: «y vosotros estáis completos en él» (Colosenses 2:10, RVR1960).

Las riquezas no son malas en sí mismas, tampoco la intelectualidad, pero solo Jesucristo puede darnos lo que nada ni nadie nos dará: la salvación.

Su religión no pudo satisfacer
la necesidad de su corazón

Nicodemo no solo era importante por los conoci-
mientos y las riquezas que poseía, sino también por
la religión que observaba. Era un experto en leyes
religiosas. Los fariseos, si bien en su mayoría eran
unos hipócritas (Mateo 23:1-6), algunos, como
Gamaliel (Hechos 5:34-41) y el mismo Nicodemo,
eran justos y quizás bien intencionados. Religión
es el esfuerzo del hombre por acercarse a Dios o
a una divinidad. De la religiosidad de Nicodemo,
podemos sacar algunas conclusiones:

- Hay religiosos perversos e hipócritas en todas
  las confesiones y credos (Hechos 5:1-11).

- Hay religiosos bondadosos y bien intencionados, pero para fines de salvación, esto no sirve
  de nada (Hechos 8:26-39).

- Para los religiosos, son más importantes sus tradiciones y ceremonias que un apego a la palabra
  de Dios (Mateo 23).

- Ser cristiano no es religión, es una relación con
  Dios (Juan 3:3).

El gran experto de la religión hebrea tuvo que
acercase a un hombre de clase obrera a hablarle
de asuntos que, como religioso, él debía saber.
Jesús sabía que solo Él podía saciar la necesidad
más grande de Nicodemo. Este hombre se acercó

a Jesús, a pesar de sus tradiciones y esfuerzos para hacer las cosas correctas. Necesitaba un encuentro íntimo, personal y sin intermediarios.

¡Que impresionante escena! el aristócrata judío visitando al carpintero para hablar asuntos del alma. La línea de las luchas de clases fue traspasada por el rico religioso para venir al encuentro con el profeta ambulante que había sido obrero en Nazaret. Sin proponérselo, Nicodemo tuvo el encuentro más trascendente que jamás había soñado o esperado, porque había estado con Dios.

Bastó solo aquella noche para que quedara marcado para siempre y viera pulverizados toda su moralidad intachable y tantos años envuelto en sus tradiciones y ceremonias, que solo sirven para impresionar a los hombres, pero no a Dios que conoce los corazones.

Un encuentro con Jesús

Como hemos visto, Nicodemo era intelectual, rico y moralista religioso. Sin embargo, se vio fuertemente atraído por la humilde personalidad de Jesucristo. El impacto de Cristo lo llevó a acercarse en horas de la noche para hablarle de su alma. Se acercó haciendo algunas afirmaciones, todas en su presentación y en el versículo 2:

• Rabí

• Sabemos que has venido de Dios como maestro

- Nadie puede hacer las señales que tú haces si Dios no está con él

Estas afirmaciones nos confirman la seguridad con que hablaba una persona que estaba por encima del promedio de su época. Brillante y de buen corazón. Con experiencia y sabiduría para llegar a esas conclusiones sobre la identidad de nuestro Señor. Sus afirmaciones eran ciertas pero no eran completas porque Jesús, aunque ciertamente era un maestro, venía de Dios y hacía cosas que nadie podía hacer. Sin embargo, era más que un maestro que venía de Dios; Él era Dios, algo que no podía percibir Nicodemo.

Aunque Nicodemo parece haber tomado la iniciativa (según la narrativa), Jesús tomó el control de la conversación haciendo algunas afirmaciones que provocaron a su visitante nocturno. Entonces, Nicodemo pasó de hacer afirmaciones a hacer preguntas. No es que preguntar sea malo; al contrario, la sabiduría y la honestidad de una persona se evidencian por las preguntas que hace. El mismo Señor Jesucristo hacía preguntas como herramienta, al punto que encontramos unas 32 preguntas entre los cuatro Evangelios.

Evangelio	Preguntas
Juan	10
Mateo	9
Lucas	7
Marcos	6
TOTAL	**32**

Todos hacemos preguntas, y Nicodemo pronto iba a hacerlas.

> Respondió Jesús y le dijo: En verdad, en verdad te digo que el que no nace de nuevo no puede ver el reino de Dios. (Juan 3:3, RVR1960)

La respuesta de nuestro Señor es una declaración contundente, porque confronta a Nicodemo con algo que con todo su conocimiento nunca había escuchado. De hecho, esta conversación con Nicodemo es un profundo y acabado tratado de nuestro Señor sobre la vida y el propósito para el cual fuimos creados. El capítulo 3 de Juan es un extenso párrafo que se puede dividir en tres secciones:

- a. versículo 1, en el cual hace su aparición Nicodemo.

- b. versículos 2-10, en los que él hace tres preguntas y recibe tres respuestas.

- c. versículos 11-21, en los que el diálogo se transforma en un discurso: Nicodemo escucha en silencio las palabras de Jesús.[10]

---

10. Hendriksen, W., *Comentario al Nuevo Testamento: El Evangelio según San Juan* (Grand Rapids, MI: Libros Desafío, 1981), pág. 140.

¿Qué significa nacer de nuevo?

A pesar de que el capítulo tiene muchos textos y enseñanzas, nos concentraremos en la afirmación de Jesús sobre lo que significa «nacer de nuevo»; literalmente «nacer de arriba» o «de lo alto». Nacer de nuevo es una expresión que equivale a la salvación, a tener vida eterna. Creo que Sinclair Ferguson añade luz cuando nos explica lo siguiente:

La palabra «regeneración» significa «un nuevo génesis». Las páginas del Nuevo Testamento nos la presentan en tres imágenes:

• Nacimiento.

• Creación.

• Resurrección

I. *Nacimiento*. Convertirse a Cristo, recibir a Cristo, es algo que empieza, según Juan 1:13, cuando nacemos por la voluntad de Dios. Más tarde en este mismo Evangelio, Jesús afirma que ese es el requisito indispensable para ver el reino de Dios y para entrar en él (Juan 3:3, 5). Es una corriente que corre por toda la Primera Epístola de Juan: los cristianos son descritos como aquellos que son nacidos de Dios (1 Juan 2:29; 3:9; 4:7; 5:1, 4).

II. *Creación*. El segundo ejemplo nos presenta una semejanza entre lo que Dios hizo en el principio del tiempo y el milagro de Su gracia que nos introduce en «el nuevo tiempo» o «la nueva era» por medio de Cristo. Pablo la emplea cuando nos habla intensa e imaginativamente de la obra de Dios en nosotros. En un momento de gran tensión espiritual, al final de su carta a los Gálatas, afirma que lo único que verdaderamente importa es «una nueva creación».

Porque ni la circuncisión es nada, ni la incircuncisión, sino una nueva creación (Gálatas 6:15).

III. *Resurrección*. Esto nos muestra el alcance de la obra de Dios en nosotros y también nos da una pista sobre su origen en la resurrección de Jesucristo. De manera que Pablo dice en Romanos 6:13 que, puesto que estamos unidos a Cristo resucitado y, por tanto, compartimos con Él Su poder en la resurrección, debemos vivir como «vivos de entre los muertos». Cuando estábamos muertos en pecados, Dios extendió Su mano en Cristo para darnos vida *con* Cristo por Su gracia (Efesios 2:5). El cristiano ha «pasado de muerte a vida» (1 Juan 3:14).[11]

Por lo visto anteriormente, podemos confirmar que, con este término, Cristo enseña que «nacer de nuevo» equivale a tener la salvación que tenemos en Él y el cambio que produce en todos aquellos que han sido bendecidos por esta gracia maravillosa.

---

11. Ferguson, S., *La vida cristiana: Una introducción doctrinal* (Moral de Calatrava, Ciudad Real: Editorial Peregrino, 1998), págs. 59-61.

¿Qué evidencias pueden verse en una persona que ha nacido de nuevo o que ya es cristiana?

En las Escrituras, encontramos textos que confirman que todo el que ha nacido de nuevo, todo el que es creyente o un convertido a Cristo, experimenta una transformación tal como si fuera una persona que ha nacido de nuevo. Veamos algunos textos de los tantos que hay:

> ... y cuando Él bajó a tierra, le salió al encuentro un hombre de la ciudad poseído por demonios, y que por mucho tiempo no se había puesto ropa alguna, ni vivía en una casa, sino en los sepulcros. [...] Salió entonces la gente a ver qué había sucedido; y vinieron a Jesús, y encontraron al hombre de quien habían salido los demonios, sentado a los pies de Jesús, vestido y en su cabal juicio, y se llenaron de temor (Lucas 8:27, 35).
>
> Al ver la confianza de Pedro y de Juan, y dándose cuenta de que eran hombres sin letras y sin preparación, se maravillaban, y reconocían que ellos habían estado con Jesús (Hechos 4:13).
>
> De modo que si alguno está en Cristo, nueva criatura es; las cosas viejas pasaron; he aquí, son hechas nuevas (2 Corintios 5:17).

¿Qué fue de la vida de Nicodemo?

La vida de Nicodemo parece contestar que aquella noche en que tuvo ese encuentro con Cristo fue suficiente para cambiarlo para siempre. Las narraciones del Nuevo Testamento no dan mucha información sobre lo que pasó con él. Solo encontramos dos referencias, y ambas se encuentran en el mismo Evangelio de Juan, que parece darle seguimiento a la vida de este aristócrata judío.

Dio testimonio de cristo
con sus palabras

La primera de las referencias se encuentra al final del capítulo 7 del Evangelio de Juan. Sus colegas habían ordenado a unos alguaciles que arrestaran a Cristo. Sin embargo, cuando llegaron al lugar para arrestar al Señor, los alguaciles lo escucharon hablar. Impresionados por el mensaje y testimonio quedaron perplejos y volvieron a los fariseos sin Él. Estos, molestos, los reprendieron y acusaron a Cristo de engañador. Nicodemo estaba en esa reunión, y esto fue lo que dijo:

> Nicodemo, el que había venido a Jesús antes [de noche], y que era uno de ellos, les dijo: ¿Acaso juzga nuestra ley a un hombre a menos que le oiga primero y sepa lo que hace? Respondieron y le dijeron: ¿Es que tú también eres de Galilea? Investiga, y verás que ningún profeta surge de Galilea (Juan 7:50-52).

Dio testimonio de cristo con sus acciones

En los momentos grises de la muerte de Cristo, casi todos los discípulos estaban escondidos por miedo a las represalias. El cuerpo sin vida colgado en la cruz fue reclamado por José de Arimatea, que prestó una tumba que todavía no se había usado, y Nicodemo dio unas 100 libras de áloes y mirra para embalsamarlo como era la costumbre:

> También Nicodemo, el que antes había visitado a Jesús de noche, vino trayendo un compuesto de mirra y de áloes, como cien libras (Juan 19:39, RVR1960).

Estas dos referencias nos llevan a inferir que el encuentro de aquella noche marcó la vida de Nicodemo para siempre, convirtiéndolo en un valiente de Jesucristo. Su testimonio de valor y compromiso confirma que había ocurrido una transformación en él. Un encuentro con Jesucristo es lo que todos necesitamos. Nada puede traer salvación, paz y obediencia a Dios sino es por medio de Cristo. El que no naciere de nuevo no entrará en el reino de Dios (Juan 3:3). Esto es en parte el mensaje que retumbó en la conciencia de Nicodemo. Nacer de nuevo es venir a Cristo y pedirle perdón por nuestros pecados, confesarlos y pedirle al Señor que nos perdone. Todos nacemos pecadores y el único que nos puede perdonar es quien murió y resucitó por nosotros.

Nicodemo fue a Jesús de noche (Juan 3:2) y las otras dos menciones que se hacen de él, como hemos visto, también registran este hecho. Pero Nicodemo no se quedó en la «noche». No permaneció en las sombras ni en el disimulo ni en la discreción. Como fiel seguidor anónimo, llegó el momento de la militancia, de salir de la madriguera y arriesgarse por aquel que había arriesgado todo por él. El Nicodemo de la noche, ahora a plena luz del día, le rinde honor en público.

El lema de la ciudad de Ginebra, Suiza, es: *post tenebras lux* (luz después de la oscuridad).

> ... porque antes erais tinieblas, pero ahora sois luz en el Señor; andad como hijos de la luz (Efesios 5:8).

Una viuda crio a su hijo y, con muchos sacrificios, lo inscribió en buenas escuelas y lo llevó hasta la universidad. Siempre le decía: «Hijo, quiero que vivas una buena vida, que siempre digas la verdad, que trabajes arduamente y que ayudes a los más pobres».

El hijo se graduó de la universidad, ahora está trabajando, viviendo una buena vida. Nunca más volvió a hablarle a su madre.

Recién graduado, le envió una tarjeta de cumpleaños. Pero nunca más la volvió a ver o a llamar. Ante esta situación, él muy tranquilamente dice que no tiene nada que ver con ella, pero afirma que vive una buena vida, que siempre dice la verdad, que trabaja arduamente y que siempre ayuda a los más pobres.

¿Te satisface esa respuesta? Dios te creó y te mantiene con vida para que tengas una vida más que moral y decente. Te hizo para que vivieras para Él.

Amigo, puedes hacer lo mismo que Nicodemo y acudir a Cristo ahora. Confiesa tus pecados a Dios y pídele perdón, para que puedas beneficiarte de la salvación que solo Cristo puede dar. ¡Hazlo ahora!

CAPÍTULO 2

Muros derribados más allá de la frontera

CONFLICTO

Todo lo que no quiso se dio
Todo lo que se dio no fue lo que planificó
A veces lo que nos llega no lo queremos
Y lo que más anhelamos nunca lo vemos

A veces ambicionamos lo que no conviene
Lo que es justo y recto no siempre se siente
Corazón y razón luchan en nuestras conciencias
Y el conflicto entre ambos lo resuelve la obediencia.

Era un día como cualquier otro para ella. Su ruta diaria de más de un kilómetro no tenía muchas novedades. El mismo sol, las mismas nubes escurridizas y el polvo inestable de siempre solían ser testigos mudos de su automática vida.

Poco se sabe de su familia, de su edad o si era madre. Para todos, era una anónima conocida cuyo camino nunca coincidía con el de los demás. No había una razón lógica para que su acostumbrada actividad se hiciera a esa hora; sobre todo, cuando las demás preferían ir quizás en grupos y en otro momento.

De esa mujer, cuyo nombre desconocemos, veremos algunos aspectos de su intrigante vida que resaltan en el inesperado encuentro con Jesucristo. A partir de ahora, la llamaremos la samaritana.

Jesús de Nazaret, como predicador itinerante, devoraba los caminos que conducían a distintas comarcas con el propósito de bendecir las vidas de aquellos que eran receptores de Su gracia y misericordia.

Cierto día, según Su agenda, debía salir de Judea (en el sur) rumbo a Galilea (en el norte), en un recorrido normal de aproximadamente tres días a pie. «Existían varios caminos que conducían de Judea a Galilea: uno cerca de la costa, otro por Perea, y otro atravesando Samaria. Josefo nos informa que los galileos, cuando iban a la ciudad santa para las fiestas, acostumbraban a tomar el camino que pasa por el país de los samaritanos» (*Antigüedades, XX,* vi, 1).[1] Sin embargo, a la mayoría de Sus compatriotas que tenían una ruta diferente podía tomarle de cinco a seis días.

---

1. Hendriksen, W., Comentario al Nuevo Testamento: El Evangelio según San Juan (Grand Rapids, MI: Libros Desafío, 1981), pág. 167.

En el medio de estas dos regiones, se encontraba una ciudad que los judíos no visitaban porque la repudiaban visceralmente: Samaria.[2] Los judíos y samaritanos no se trataban entre sí y a pesar de las neblinas del pasado, su enemistad se aprecia claramente en las narraciones del Antiguo Testamento (1 Reyes 17).

A Jesús le era necesario pasar por Samaria. Algunos piensan que pasó por allí porque era la ruta más cómoda para ir a Galilea; sin embargo, debemos pensar más en la intencionalidad de nuestro Señor que en Su comodidad. La Biblia enseña mucho acerca de que Dios tiene propósitos en todo lo que hace:

> En todo esto Job no pecó ni culpó a Dios (Job 1:22).
> En todo esto no pecó Job, ni atribuyó a Dios despropósito alguno (Job 1:22, RVA).
> La mente del hombre planea su camino, pero el Señor dirige sus pasos (Proverbios 16:9).

Jesús pasó por Samaria porque Él todo lo sabe y porque tenía un plan más allá del que puede verse en la superficie del texto bíblico. Cristo fue de manera intencional a Samaria porque Él vino a buscar y a salvar lo que se había perdido y porque Él es el camino, y la verdad y la vida, y nadie puede llegar a Dios sino es por Él (Lucas 19:10; Juan 14:6).

---

2. Esta ciudad es lo que hoy conocemos como Naplusa en la región que comprende Cisjordania.

La ruta que tomó para ir de Judea hasta Galilea tenía un propósito único y especial. Por eso, a pesar de que los de Su pueblo normalmente no pasaban por ese lugar, a Él le era necesario pasar por allí. Una vez más, esto nos muestra el alcance de Su ministerio y las oportunidades que tenemos todos en Él. Para nuestro Señor, solo hay una raza y es la humana; hay un solo país y se llama Mundo; hay un solo color y es el de Su sangre y hay un solo idioma y es el amor. Mientras otros rechazan, Él acepta; mientras otros odian, Él ama; mientras unos se alejan, Él se acerca, «porque Dios no envió a su Hijo al mundo para juzgar al mundo, sino para que el mundo sea salvo por Él» (Juan 3:17).

Acostumbrada a la soledad

Acostumbrada a la soledad, esta mujer hacía su trayecto con su pesado cántaro de agua y con un alma sedienta; con un desdén hacia la vida, pero con la urgente necesidad de seguir viviendo. Esta narración plantea varias preguntas, tales como: si la mayoría de las mujeres buscaban agua en compañía de otras, ¿por qué ella lo hacía sola? ¿Por qué si había un pozo más cerca, tenía que ir tan lejos?

El texto no lo dice, pero la soledad no es tanto la falta de compañía sino un estado del alma, porque hay personas que están rodeadas de multitudes, pero están solas. Es posible que las razones de la samaritana fueran más allá de lo visible. Hay personas que se autosegregan, que ellas mismas se excluyen y se inhiben de hacer vida social para no tener que rendir cuenta de su vida. Otras, en cambio, no comparten con nadie por los múltiples engaños que han vivido y se protegen estando lejos de los demás. Lo cierto es que las dificultades y los malos sabores en nuestras vidas pueden llevarnos a no confiar en otros y volvernos antisociales para prevenir otros engaños.

La persistencia de la samaritana es un reflejo claro de su condición emocional y espiritual. No quería hablar con nadie. No quería que sus ojos tristes se cruzaran con alguna mirada acusadora, porque con la aplastante carga de su conciencia era suficiente. No necesitaba escuchar los murmullos punzantes de otras mujeres ni las sutiles sonrisas burlonas de quienes la miraban con desprecio. ¡No, basta ya de tantos atropellos! ¡No más jueces ni fiscales! Con la agonía que le producían los cargos de su conciencia era suficiente, no necesitaba más.

Por eso, aquella tarde calurosa con el cántaro a cuesta siguió su camino largo hacia el pozo que le esperaba sin réplicas. Como de costumbre, no quería encontrarse con nadie, pero ese día, algo pasaría que cambiaría su vida para siempre.

«El camino pasaba por el pueblo de Sicar. A corta distancia de allí se bifurca la carretera de Samaria: una rama va hacia el Nordeste a Escitópolis, y la otra hacia el Oeste a Nablus y luego al Norte a Enganim. En la bifurcación se ve todavía el pozo de Jacob. Es un pozo profundo construido con roca. Está situado a poca distancia del sitio arqueológico de Tell Balata, que se cree que es el sitio del Siquem bíblico. El pozo se encuentra actualmente dentro del complejo de un monasterio ortodoxo oriental del mismo nombre, en la ciudad de Nablus en Cisjordania. Esta era una zona llena de recuerdos históricos: Allí estaba la parcela que había comprado Jacob (Génesis 33:18s). Jacob, ya en el lecho de muerte, le había legado ese terreno a José (Génesis 48:22) y cuando José murió en Egipto, llevaron su cuerpo a enterrar allí (Josué 24:32)».[3]

Con esos testigos silentes de un pasado lleno de historia, Jesús, acompañado de Sus discípulos, como siempre, hizo Su entrada a territorio samaritano. Su presencia llamaba la atención, porque por Sus vestimentas se sabía que eran judíos. El relato bíblico dice que Jesús y Sus discípulos se separaron, porque ellos fueron a comprar comida al pueblo y Él se quedó cansado y sentado en un pozo donde no solamente los esperaría, sino que también planeaba un encuentro con alguien más. En ese momento, ya serían aproximadamente las doce del mediodía.

El encuentro con la samaritana

Aquella tarde calurosa, Cristo se sentía cansado y con sed. Hasta ese momento, solamente podía mitigar lo primero y para lo segundo, tendría que esperar qué iba a pasar. Mientras la samaritana se acercaba a su destino, sus pasos comenzaron a ponerse más lentos. Envuelta en su manto de tela y confusión, se preguntó quién sería ese forastero que estaba sentando justamente en el pozo a pleno sol.

---

3. Barclay, William, *El Evangelio de Juan, 1.* (Barcelona: Clie, 1995), pág. 173.

Ella llegó a su destino con una mezcla de asombro y precaución, haciendo contacto mediante el intercambio ineludible de sus miradas. Quizás era el único hombre que la miraba con ojos diferentes. Ya en el pozo, el silencio y la tensión se quebraron cuando cayó un recipiente que, al chocar con el agua, produjo un murmullo con el que ella no solo estaba familiarizada, sino que también la entretenía. Esa acción se produjo quizás varias veces hasta que el hombre sentado le pidió agua. ¡No podía ser! *¿Cómo este hombre, siendo judío, me pide a mí de beber, que soy mujer y soy samaritana?* El relato hasta aquí dice lo siguiente:

> Salió de Judea y partió otra vez para Galilea. Y tenía que pasar por Samaria. Llegó, pues, a una ciudad de Samaria llamada Sicar, cerca de la parcela de tierra que Jacob dio a su hijo José; y allí estaba el pozo de Jacob. Entonces Jesús, cansado del camino, se sentó junto al pozo. Era como la hora sexta. Una mujer de Samaria vino a sacar agua, y Jesús le dijo: Dame de beber. Pues sus discípulos habían ido a la ciudad a comprar alimentos. Entonces la mujer samaritana le dijo: ¿Cómo es que tú, siendo judío, me pides de beber a mí, que soy samaritana? (Porque los judíos no tienen tratos con los samaritanos) (Juan 4:3-9).

Así es la vida, porque a veces lo que uno más detesta le llega, y lo que uno más anhela nunca viene. La mujer que se había refugiado en la soledad ahora vio su mundo invadido por un extranjero que no era bienvenido en su pueblo. Una mujer que prefería enfrentarse a los rayos despiadados del sol en vez de tener que hablar con alguien. La soledad era la compañera fiel con quien se sentía cómoda. Soledad que no hacía preguntas ni le pedía nada. Soledad que simplemente estaba, pero era como si no estuviera. Podría ser insoportable por momentos, pero no la acusaba, ni la enjuiciaba, ni tampoco la condenaba. Era el pacto silente donde ambas habían decidido aceptarse sin ningún tipo de cuestionamientos.

Así es la vida, pero así es Jesús. *Y le era necesario pasar por Samaria*. Jesús es quien nos busca y nos persigue hasta encontrarnos. La samaritana no tenía a Cristo en su agenda, pero Él si la tenía a ella desde antes de la fundación del mundo (Mateo 25:34; Efesios 1:4; 2:10; 2 Tesalonicenses 2:13, 14). Somos perseguidores y somos perseguidos a la vez. Esta mujer perseguía algo más que agua en su vida, pero lo que menos se imaginaba es que en aquella tarde como cualquier otra, se encontraría con un forastero que la inquietaría de tal forma y la haría pensar en aquello de lo que ella quería escapar. Es esa tensión entre perseguir y ser perseguidos.

Malcolm Muggeridge fue una figura de renombre en la segunda mitad del siglo xx, un intelectual, personalidad televisiva y portavoz cristiano. Él describió, en la primera parte de su autobiografía, cómo poco después de graduarse en Cambridge, pasó algún tiempo en un lugar remoto del sur de la India. Escribió:

> Tenía la sensación de que, de algún modo,
> además de buscar, estaba siendo perseguido.

Pisadas resonando detrás de mí; una sombra que me seguía... tan cerca que podía sentir su aliento en mi cuello...Yo también estaba huyendo. Persiguiendo y siendo perseguido; el perseguidor y el perseguido, la búsqueda y la huida, fundiéndose al fin en una única inmanencia o luminosidad.

Muggeridge hizo de su experiencia algo aún más dramático al expresarla como un encuentro directo en segunda persona:

Sí, ahí estabas, lo sé... No importa lo lejos y rápido que corriera, con todo, mirando hacia atrás sobre mi hombro aún podía verte en el horizonte, y entonces corría más rápido y lejos que nunca, pensando triunfalmente: ahora sí me he escapado. Pero no, ahí estabas tú, viniendo tras de mí... Uno tiembla ... (ante) el salto final... No hay escape posible.[4]

No hay fugas exitosas cuando Cristo decide buscarnos. Podemos huir y eludir a este y aquel, pero no a Cristo. Podemos ajustar los horarios para esquivar el tráfico; podemos evitar conversaciones, personas y hasta ciertas circunstancias. Podemos eludir preguntas que nos inquietan hasta que un día nos encontramos junto al pozo en una cita que se hizo antes de que los tiempos fueran tiempos. De ese encuentro no podemos escapar.

«El primer distintivo sorprendente de esta historia es el movimiento radical que Jesús hace al iniciar

4. Stott, J., *Por qué soy cristiano* (Barcelona, España: Andamio, 2007), págs. 22-23. (Paréntesis agregado).

la conversación. No es inusual para nosotros verlos
hablar, pero debería serlo. Notemos la conmoción
que la mujer tuvo al escucharlo hablar, puesto que
los judíos y los samaritanos eran enemigos resenti-
dos. Siglos antes, la mayoría de los judíos estaban
exiliados en Babilonia por sus conquistadores. Algunos de los judíos que no fueron exiliados se casaron
con los cananeos y, en esencia, formaron una nueva
tribu: los samaritanos. Tomaron de la religión judía
y de la religión cananea y crearon una religión sin-
cretista. Por tanto, los judíos consideraban a los
samaritanos como una tribu racialmente inferior y
hereje. Esa es la primera razón por la que ella está
sorprendida de que Él le esté dirigiendo la palabra.
Pero, por encima de eso, era escandaloso que un
judío hablara con una mujer extraña en público.
Además, ella había venido a sacar agua del pozo al
mediodía. Muchos eruditos bíblicos han señalado
que esta no es la hora en que las mujeres ordina-
riamente sacaban agua del pozo. Venían más temprano en la mañana, cuando el día todavía no era
muy caliente, y así poder tener agua durante todo
el día para todos los habitantes de la casa. Entonces ¿por qué está ahí sola, a mitad del día? La respuesta es que era una mujer moralmente marginada
y rechazada por parte de la sociedad. Es por eso que,
cuando Jesús comienza a hablarle, de forma deli-
berada está derribando casi todas las barreras que
las personas construyen alrededor de sí mismas. En
este caso, una barrera racial, una barrera cultural,
una barrera de género, una barrera moral —y todas
las costumbres de esos tiempos— decían que Jesús,
varón judío religioso, no debería tener nada que

ver con ella. Pero eso a Jesús no le importa. ¿Ves lo radical que es esto? Jesús derriba todas las divisiones humanas para llegar a ella. Ella estaba maravillada, y nosotros también debemos estarlo"[5]. Esto es lo que llamaría muros derribados más allá de la frontera.

DAME DE BEBER

«Dame de beber» (Juan 4:7) es el enunciado que quiebra el muro de separación. Es la expresión que hizo que los cimientos que sostenían aquel *statu quo* comenzaran a pulverizarse. Las barreras estaban cayendo.

Fue Jesús quien inició la conversación. Fue Jesús quién tomó la iniciativa. Lo hizo al pasar por Samaria y ahora al iniciar un diálogo con alguien que nunca lo haría con Él. La reacción de la samaritana no fue cortés ni hostil; ni pasiva ni agresiva; sino de sorpresa, por el hecho de que Él, siendo judío, le pidiera agua a ella que era mujer y samaritana. Su pequeño mundo había sido invadido por un visitante extranjero que la importunó y la obligó a salir de su escondite existencial. Su respuesta no fue la más cordial pero no importa, había un guion divino del cual ella, sin saberlo, ya se estaba beneficiando.

Uno de los grandes problemas de la humanidad es el tema racial y el de la superioridad social. El rechazo o la aceptación de los demás debido al origen étnico o a la condición económica en

---

5. Keller, Tim, *Encuentros con Jesús*, (Colombia: Poiema, 2016), págs. 24-25.

ocasiones parecen muros demasiado altos. Guerras, persecuciones, pobreza, segregación y muertes están asociadas al tema del racismo o también a la interminable lucha de clases; males asociados a que unos se perciben como superiores sobre los demás. Tenemos la tendencia vernácula de creer que todo lo que tiene que ver con uno es lo mejor y superior a lo del otro, pero no es así. No somos ni mejores ni peores; solo somos.

El apóstol Pablo le escribe a cristianos de Roma exhortándolos a que no tengan un concepto de superioridad hacia los demás (Romanos 12:3) y lo mismo les dice a los creyentes de Filipos (Filipenses 2:3).

«Dame de beber» no es simplemente una petición; es una expresión demoledora que tiene como objetivo derribar las fortalezas del refugio de soledad donde la samaritana se había recluido. Un forastero sediento le pidió agua a esta mujer llena de intrigas, algo que ella iba hacer, pero no sin antes refutarle sobre el tema racial.

Esta escena bien pudiera llamarse «el forastero y la solitaria», o «el maestro y la mujer libre»; pero eso es solo lo que se ve en la fachada; hay algo más que eso. Algo que nos enseña esta narración son los muros culturales y sociales que se están derribando producto del amor de Cristo por aquella mujer que desprecia y es despreciada por los demás a la vez.

Su refugio ha sido ocupado por Cristo, con un impacto cuya relevancia todavía perdura y sigue beneficiando a todas las «samaritanas» de hoy que acuden al Salvador. La relevancia de esta acción de Cristo tiene un acento mayor ya que «cruza límites estrictamente culturales que separaban razas (en el sentido general de pueblos culturalmente distintos), géneros y condición moral. Aunque los maestros judíos advertían contra hablar mucho con las mujeres en general, ellos especialmente evitarían a las mujeres samaritanas, las que afirmaban que eran impuras de nacimiento. Otros antiguos registros muestran que aun el pedir agua a una mujer podía interpretarse como estar coqueteando con ella, especialmente si ella había venido sola... Jesús quebranta aquí todas las reglas de la religiosidad judía».[6]

Este encuentro fue tan impactante que los discípulos, que no estaban ahí pues habían ido a comprar alimentos al pueblo, se asombraron cuando al regresar lo vieron hablando con una mujer:

> Pues sus discípulos habían ido a la ciudad a comprar alimentos. [...] En esto llegaron sus discípulos y se admiraron de que hablara con una mujer, pero ninguno le preguntó: ¿Qué tratas de averiguar? o: ¿Por qué hablas con ella? (Juan 4:8, 27).

Ese es el mensaje del evangelio. Cristo vino a buscar y salvar lo que se había perdido, sin importar la condición social, moral o racial. «Dame de beber» es el inicio de una conversación que marcaría el corazón con el amor y las nuevas oportunidades que vienen con el evangelio de Jesucristo, no solo a

6. Keener, Graig, *Comentario del Contexto Cultural, Nuevo Testamento* (El Paso, TX: Editorial Mundo Hispano, 2004), pág. 269.

esta mujer socialmente descalificada y moralmente cuestionada sino a todo aquel que está dispuesto a iniciar un diálogo con Él con el propósito de que su fe se active por oír y hacer lo que Él dice.

> Dame de beber. [...] Entonces la mujer samaritana le dijo: ¿Cómo es que tú, siendo judío, me pides de beber a mí, que soy samaritana? (Juan 4:10).

La respuesta de Jesús a la samaritana fue directa, compasiva y aparentemente confusa, porque ella no entendía lo que realmente significaba:

> Jesús contestó: —Si tan sólo supieras el regalo que Dios tiene para ti y con quién estás hablando, tú me pedirías a mí, y yo te daría agua viva (v. 10, NTV).

Tres aspectos sobresalen en esta respuesta de Jesús que describen la condición en que se encontraba la samaritana y todo ser humano que no lo tiene a Él como el Salvador de su vida. Todo el que no ha rendido su vida a Cristo no conoce el regalo de Dios para él, no conoce a Cristo, no sabe pedirle y no tiene la bendición de la vida eterna.

Todos los seres humanos tenemos la necesidad de ese regalo que viene de Dios. La Biblia dice: «Porque la paga del pecado es muerte, pero la dádiva de Dios es vida eterna en Cristo Jesús Señor nuestro» (Romanos 6:23).

Dios tiene un regalo para todos aquellos que reconocen que lo necesitan. Ese regalo suple la carencia más grande que tienen los seres humanos y que, al igual que la samaritana, procuran llenar sus vidas con toda clase de actividades, estilos de vidas y filosofías. Sin embargo, el resultado es una vida vacía porque lo único que llena es ese regalo que Dios ofrece. Ese regalo viene por medio de Jesucristo porque a eso vino Él, a darse a sí mismo a todo aquel que cree en Él.

Cristo es real y vino a este mundo a traer Su persona a la samaritana y a todos los que a través de la historia han creído en Él. Quien no tiene ese regalo no tiene a Cristo y quien no tiene a Cristo no sabe cómo pedirle, ni tiene las bendiciones del regalo. Así se encontraba la mujer samaritana, sin Dios, sin el regalo y sin las bendiciones que lo acompañan.

—Si tan sólo supieras el regalo que Dios tiene para ti y con quién estás hablando, tú me pedirías a mí, y yo te daría agua viva (Juan 4:10, NTV).

«En la lengua corriente de los judíos agua viva quería decir agua *corriente.* Era el agua de manantial en oposición al agua estancada de una cisterna o estanque. Aquel pozo no era un manantial, sino el depósito al que llegaba el agua que se filtraba por el subsuelo. Para los judíos, el agua *corriente, viva,* siempre era mejor».[7] Jesús se presenta como el agua más estimada, fresca y preciada, el agua

---

7. Barclay, William, *El Evangelio de Juan, 1.* (Barcelona: Clie, 1995), pág. 179.

viva. El pozo de Jacob, con toda su historia, es un pozo de agua almacenada, no de *agua viva.* Jesús es el agua viva que sacia la sed de todos aquellos que de él beben. Jesús es la fuente inagotable de satisfacción y perdón. La Biblia dice que todo aquel que viene a Jesús para recibir el regalo que tiene para nosotros tendrá plenitud total en la vida.

> Y en el último día, el gran día de la fiesta, Jesús puesto en pie, exclamó en alta voz, diciendo: Si alguno tiene sed, que venga a mí y beba. El que cree en mí, como ha dicho la Escritura: «De lo más profundo de su ser brotarán ríos de agua viva». (Juan 7:37-38).

Cristo le dice a una multitud lo mismo que le dijo de manera particular a la samaritana: que Él es el agua viva que sacia la sed existencial que todo ser humano tiene y que trata de saciarla de distintas maneras. Es tanto lo que buscamos para saciar esa sed que hacemos de todo para tratar de encontrar lo que solo Jesús puede dar.

La soledad es una de esas alternativas humanas. Cuando el ser humano se decepciona de los demás, termina actuando y confiando en sí mismo y se hunde en su propio mundo para no ser juzgado, para no ser molestado.

LA RELIGIÓN DE LOS INCRÉDULOS

«Ella le dijo: Señor, no tienes con qué sacarla, y el pozo es hondo; ¿de dónde, pues, tienes esa agua viva?» (Juan 4:11). Los seres humanos somos eminentemente religiosos y adoradores desde nuestro nacimiento. Aun aquellos que dicen no creer, también adoran.

Desde tiempos muy remotos, hombres y mujeres adoran desde el sol hasta la materia, a quienes desbordan su gratitud. En ese sentido, todos somos devotos adoradores. Eso se evidencia en la vida de la samaritana, que no solo era una mujer solitaria sino inminentemente atada a sus tradiciones religiosas.

Aunque el pozo de Jacob era histórico y útil, no era un pozo de agua *viva* sino de agua almacenada, y la samaritana lo sabía muy bien. Es obvio que ella no entiende el lenguaje espiritual con que Jesús le está hablando, tal como ocurrió con Nicodemo en el capítulo tres del mismo Evangelio de Juan.

> ¿Acaso eres tú mayor que nuestro padre Jacob, que nos dio el pozo del cual bebió él mismo, y sus hijos, y sus ganados? (Juan 4:12).

Los seres humanos tenemos la tendencia a reaccionar defensivamente cuando percibimos que aquello que creemos o queremos es atacado. Si hablamos de deportes, no nos gusta que alguien nos diga que su equipo es mejor que el nuestro. Lo mismo sucede con la política y también en temas de religión.

Los samaritanos tenían profunda gratitud hacia Jacob y lo veneraban. «Nuestro padre Jacob» sería una declaración blasfema para un judío, ya que ellos consideraban que eran los únicos «hijos de Jacob». Lo que la samaritana quería expresar quizás se puede entender con más claridad en la Nueva Traducción Viviente:

> Además, ¿se cree usted superior a nuestro antepasado Jacob, quien nos dio este pozo? ¿Cómo puede usted ofrecer mejor agua que la que disfrutaron él, sus hijos y sus animales? (Juan 4:12, NTV).

Cuando las personas perciben que lo que les dicen es contrario a los que ellas creen, reaccionan como la samaritana: «¿Eres tú superior que Jacob? ¿Te crees que eres mejor que él?». Si hablamos de política, decimos: «¿Entonces tu partido o candidato es mejor que el mío?». Si hablamos de deportes: «¿Tú crees que tu equipo es mejor que el mío?». Y por ahí seguiría una lista larga de reacciones que hablan muy elocuentemente de nosotros, de nuestros ídolos y de nuestras devociones.

Sin embargo, en el caso de la samaritana es diferente, porque Cristo no estaba hablando de tradiciones religiosas sino de Él como la única persona en la que ella podía confiar para recibir el regalo que ella y todos los humanos necesitamos. Por la reacción de ella, confirmamos que uno de sus muros era la religión. Si hay algo que distingue a los humanos (como hemos dicho antes) es que somos muy adoradores y devotos de lo que sea. El mensaje de Cristo puede ser ofensivo para los que no reaccionan con humildad a lo que Él tiene para ellos. El mensaje de Cristo va más allá de nuestras tradiciones religiosas, porque en ellas no hay ningún tipo de esperanza. La Biblia y la historia nos confirman que el evangelio de Cristo es el verdadero regalo, es el agua viva que sacia y llena.

Jesús percibió la tradición religiosa de la samaritana y siguió con su mensaje. Ella, como muchos seres humanos, tenía sus muros para proteger sus esperanzas. Esos muros pueden llamarse religión, ciencia, arte, familia, política. Donde está la fe, ahí está el corazón. Sin embargo, todos ellos pueden dar seguridad temporal, porque son creados por humanos. Su solución es coyuntural, por lo tanto, sus beneficios tienen una obsolescencia programada, porque así es el mundo y así la vida. Hay personas que pasan la vida entera persiguiendo algo que nunca encuentran y, si lo encuentran, no las llena totalmente.

> Respondió Jesús y le dijo: Todo el que beba
> de esta agua volverá a tener sed (Juan 4:13).

Esa es la realidad: en el corazón del hombre hay una sed que ninguna oferta de este mundo podrá saciar. Todos los esfuerzos humanos por buscar su propia redención prescindiendo del evangelio han sido infructuosos. Inventos, tecnología, progreso y cambios políticos no han podido rescatar al ser humano del estado de perdición.

Por tanto, cuando Cristo dice: «Todo el que beba de esta agua volverá a tener sed», está hablando de un asunto muy serio en el que todos debemos reflexionar. La samaritana habla de sus tradiciones religiosas, pero eso no era suficiente para llevar su vida por un camino seguro. La religión no es suficiente y hay grandes diferencias

entre las tradiciones religiosas de las personas y
el evangelio de Jesucristo.

Tim Keller, en su libro *En defensa de Dios,* resalta
cuatro diferencias entre religión y evangelio:

> La principal diferencia es la motivación. En la
> religión, tratamos de obedecer a los paráme-
> tros divinos debido al **miedo**. Creemos que,
> si no obedecemos, dejaremos de recibir la
> bendición de Dios... en el evangelio, la moti-
> vación es la gratitud por la bendición que
> hemos recibido gracias a Cristo. La segunda
> diferencia tiene que ver con **nuestra iden-
> tidad y engreimiento**. En una estructura
> religiosa, si sientes que estás viviendo según
> los parámetros religiosos que has elegido,
> entonces te sentirás superior y despreciarás
> a quienes no siguen el camino que crees ver-
> dadero... En el evangelio dices que yo tengo
> tantos defectos que Jesús se alegró de morir
> por mi. Esto conduce de manera simultánea a
> una profunda humildad y seguridad que pone
> fin a la arrogancia y los reclamos. La tercera
> diferencia está en que la forma en que tratan
> al otro, es decir, a quienes no comparten las
> mismas creencias y prácticas de un individuo.
> Los pensadores posmodernos entienden que
> el yo se estructura y fortalece por medio de la
> exclusión del otro... En el *evangelio* el valor
> de un cristiano no se obtiene excluyendo a
> alguien, sino por medio del Señor, quien fue
> excluido y marginado por mi "culpa". Su gra-
> cia me hace profundamente más humilde de

lo que puede hacerlo la religión. *Por último,* la religión y el evangelio conducen a manejar los problemas del dolor y el sufrimiento de diversas formas. La religión moralista conduce a sus participantes a la convicción de que, si llevan una vida íntegra, entonces Dios (y las personas) les deben respeto y favor. Ellos creen que merecen una vida decente y feliz. Sin embargo, el evangelio hace posible que alguien se libere de esta espiral de amargura, autorrecriminación y desesperación cuando las cosas salen mal.[8]

El evangelio de Cristo produce liberación de aquello que nos atormenta y nos da la claridad para enfrentarlo. La samaritana estaba hablando con quien podía darle lo que la soledad y la religión no podían. Cristo es más que religión y ese fue Su mensaje para ella y es Su mensaje para nosotros. Cristo era lo que ella necesitaba y es lo que nosotros necesitamos también.

Me encantan las conjunciones adversativas. Según la Real Academia Española, la conjunción adversativa es aquella que enlaza unidades sintácticas cuyos significados se oponen discursivamente. En otras palabras, sirven de puente o enlace entre dos oraciones que son opuestas entre sí; por ejemplo: «Te invito a comer, pero tú pagas». La palabra «pero» es una conjunción adversativa. En nuestro ejemplo, vemos como la palabra «pero»

---

8. Keller, Tim, *En defensa de Dios* (Colombia: Editorial Norma, 2009), págs. 184-186). (*Cursivas agregadas*)

da un giro al discurso. Generalmente, quien invita paga, así que, al decir: «Te invito a comer» se sobreentiende que pagarás. Sin embargo, en este caso, encontramos un «pero» que da un giro contrario al discurso, pues dice: «pero tú pagas». La Biblia está llena de este tipo de conjunciones y el pasaje de esta narrativa no es la excepción:

> Respondió Jesús y le dijo: Todo el que beba de esta agua volverá a tener sed, pero el que beba del agua que yo le daré, no tendrá sed jamás, sino que el agua que yo le daré se convertirá en él en una fuente de agua que brota para vida eterna (Juan 4:13-14).

Hay un contraste marcado entre el agua del pozo y Jesús. Quien toma del agua del pozo vuelve a tener sed, pero quien «toma» de Cristo, quien recibe Su evangelio y Su regalo, no volverá a tener sed jamás. Jesús vino para dar vida eterna a todos los que creen y vienen a Él para que los salve:

> ... porque el Hijo del Hombre ha venido a buscar y a salvar lo que se había perdido (Lucas 19:10).
> Porque de tal manera amó Dios al mundo, que dio a su Hijo unigénito, para que todo aquel que cree en Él, no se pierda, más tenga vida eterna. Porque Dios no envió a su Hijo al mundo para juzgar al mundo, sino para que el mundo sea salvo por Él (Juan 3:16-17).

Ese es el gran contraste entre lo que ofrece este mundo y lo que ofrece Jesucristo. Es evidente la desilusión que puede producir aportar tanto al mundo y no recibir nada a cambio. Todo es como un callejón sin salida, un túnel sin luz al final, un pantano, una noche sin luna y sin estrellas. Es esperar en una estación eterna, una promesa no cumplida, un desierto que no acaba, una carta en blanco, una llamada sin voz, una fosa oscura, un amanecer en penumbras. Todo eso es lo que ofrece este mundo vano y complicado. Ese despropósito fue lo que llevó al brillante pero perdido Bertrand Russell a la siguiente conclusión:

> Ningún fuego, ningún heroísmo, ninguna intensidad de pensamiento y sentimiento, puede preservar una vida individual más allá de la tumba; que todos los trabajos de todas las épocas, toda la devoción, toda la inspiración, todo el genio humano que brilla cual la mañana, todo, está destinado a la destrucción en la vasta muerte del sistema solar, y que el gran templo del éxito humano debe ser enterrado sin remedio bajo los escombros de un universo en ruinas.[9]

Pero qué contraste encontramos en las palabras del apóstol Pablo en el epílogo de su vida:

---

9. Bertrand Russell, citado por Stott, J., *Por qué soy cristiano* (Barcelona: Andamio, 2007), pág. 77.

Porque yo ya estoy para ser sacrificado, y el tiempo de mi partida está cercano. He peleado la buena batalla, he acabado la carrera, he guardado la fe. Por lo demás, me está guardada la corona de justicia, la cual me dará el Señor, juez justo, en aquel día; y no sólo a mí, sino también a todos los que aman su venida (2 Timoteo 4:6-8, RVA).

Esa certeza era lo que le faltaba a la samaritana y al genio de Russell. Todos los seres humanos construyen muros para protegerse o para esperar el momento de su muerte. Cristo no nos libra de esa ley, pero sí nos garantiza acompañarnos en todos los tramos de esta vida y estar con nosotros hasta el día en que caiga el telón y abramos nuestros ojos en la eternidad.

A todos nos encantan los regalos. Desde los niños hasta los adultos y desde los ricos hasta los pobres, normalmente a todo el mundo le gusta que le regalen. El regalo que Cristo ofrece es vida eterna y no se puede comparar a ningún regalo que podamos recibir.

Cristo le ofreció a la samaritana un agua que quita la sed para siempre. Así, aquella conversación tomó un giro interesante y profundo:

La mujer le dijo: Señor, dame esa agua, para que no tenga sed ni venga hasta aquí a sacarla. Él le dijo: Ve, llama a tu marido y ven acá. Respondió la mujer y le dijo: No tengo marido. Jesús le dijo: Bien has dicho: «No tengo marido», porque cinco

maridos has tenido, y el que ahora tienes no
es tu marido; en eso has dicho la verdad. La
mujer le dijo: Señor, me parece que tú eres
profeta. Nuestros padres adoraron en este
monte, y vosotros decís que en Jerusalén
está el lugar donde se debe adorar. Jesús le
dijo: Mujer, créeme; la hora viene cuando
ni en este monte ni en Jerusalén adoraréis
al Padre. Vosotros adoráis lo que no cono-
céis; nosotros adoramos lo que conocemos,
porque la salvación viene de los judíos. Pero
la hora viene, y ahora es, cuando los verda-
deros adoradores adorarán al Padre en espíritu y en verdad; porque ciertamente a los
tales el Padre busca que le adoren. Dios es
espíritu, y los que le adoran deben adorarle
en espíritu y en verdad. La mujer le dijo:
Sé que el Mesías viene (el que es llamado
Cristo); cuando Él venga nos declarará todo.
Jesús le dijo: Yo soy, el que habla contigo
(Juan 4:15-26).

Tal parece que la samaritana entendió por fin lo
que nuestro Señor Jesucristo le estaba diciendo:

La mujer le dijo: Señor, dame esa agua,
para que no tenga sed ni venga hasta aquí
a sacarla (Juan 4:15).

Ya Jesús había ido demasiado lejos derribando
los muros de la soledad, del tema racial, cultural
y religioso. Faltaría uno más. ¿Ya saben cuál es?
Lo cierto es que la mujer, sabiendo que el pozo

no era de agua viva, le dijo a Jesús: «Señor, dame esa agua, para que no tenga sed».

El agua no es solamente para saciar la sed. Tiene también otros usos, como cocinar, lavar y asearse. Sin embargo, la samaritana limitó y asoció su petición solo para tomar el agua. Dame de esa agua para *que no tenga sed*. Parece ser que entendió. Parece que de repente se vio sedienta espiritualmente. Se dio cuenta de repente que eso es lo que ella necesitaba. Así como el hijo pródigo volvió en sí, parece que la samaritana también lo hizo. «Dame de esa agua, para que yo beba». Sin embargo, su reacción está muy lejos de ser lo que aparenta:

> ... para que no tenga sed ni venga hasta aquí
> a sacarla (Juan 4:15).

Hay cierta ironía aquí, porque ella sabía muy bien que ese pozo no era de *agua viva* o *corriente*. Pareció no tomar con la debida seriedad lo que Cristo le estaba diciendo. Normalmente, cuando predicamos el evangelio, hay quienes reaccionan con ironía o burlas. Cuando las personas no tienen argumentos, cuando se sienten frustradas, cuando no saben cómo responder ciertas preguntas, cuando no entienden algo o quieren descalificar a alguien, simplemente se ríen, se burlan, o responden con ironías o sarcasmos. «Dame el agua viva para que no tenga que venir hasta aquí»: esa fue su petición. Ironía o no fue lo que ella pidió.

Si tuvieras que pedir una sola cosa, ¿qué pedirías? Ella pidió agua. Cuando alguien tiene conciencia de que su mayor problema es tal o cual cosa, su prioridad gira en torno a la búsqueda de la solución de ese problema.

El agua es imprescindible para la vida. En su informe de marzo de 2020, en el Día Mundial del Agua, UNICEF dijo que «cerca de 1000 niños **mueren** todos los días a causa de enfermedades diarreicas asociadas con **agua** potable contaminada, saneamiento deficiente o malas prácticas de higiene. En total, 748 millones de **personas** en todo el mundo siguen teniendo serios problemas para acceder al **agua**».[10]

Sin agua, no podemos vivir. El pueblo hebreo pidió agua en el desierto, el hombre rico pide agua en el Hades, y la mujer samaritana pide agua. Sin agua no tenemos vida en esta tierra, pero sin Cristo no tenemos vida eterna. La samaritana pidió conforme a lo que entendía que era su necesidad.

Una petición incómoda que revela una necesidad más profunda

Ya para esta parte de la conversación, no sabemos cuánto tiempo ha pasado pero las palabras comenzaron a salir y la petición inicial de Cristo produjo un diálogo más o menos fluido. La samaritana aparentó no tomar muy en serio las afirmaciones de Cristo, lo que produjo que Él le pidiera algo.

La mujer le dijo: Señor, dame esa agua, para que no tenga sed ni venga hasta aquí

---

10. https://www.unicef.es/noticia/dia-mundial-del-agua-1000-ninos-mueren-cada-dia-por-falta-de-agua-potable

a sacarla. Él le dijo: Ve, llama a tu marido y
ven acá (Juan 4:15-16).

Esta petición tiene una carga explosiva devasta-
dora. Aquella mujer no solo vio que su espacio
físico había sido invadido, sino que ahora también lo fue su conciencia. Jesús cambió radical-
mente el tono de la conversación dejando de
hacer alusión a Él para referirse a ella.

El pequeño mundo de ella fue ocupado. Su
micro universo fue invadido. Redobles marcan la
caída de sus muros y el último está a punto de colap-
sar. Los suelos de su conciencia tiemblan por las
pisadas invasoras penetrando cada callejón y escon-
drijo de su alma. Su vida está sitiada, voces resuenan
dentro de ella gritándole: «Ríndete». Su plan, su
componenda, su coartada ha sido descubierta con
una sola petición: «Ve, llama a tu marido».

No había escapatoria. El muro de la vida inmo-
ral, del placer, de la existencia libertina, de la satisfacción personal o de la sincera búsqueda del amor
a cualquier costo. Lo cierto es que los muros de
la soledad, de la religión y del placer para este
momento ya habían colapsado. No había escapatoria, no había adonde ir. La samaritana se encontraba acorralada. Lo que menos quería le vino. La
conversación que llevaba tiempo evadiendo ahora
de la manera más inesperada le había llegado.

«Ve, llama a tu marido». Es la petición de aquel
que irrumpe en nuestras vidas sin previo aviso y
llega sin que lo llamen. «Ve, llama a tu marido» es
la evidencia de que lo muros que eran sus refugios
habían sido desplomados. Sin embargo, invadida,

sin escondites y sin argumentos, la samaritana aun
así prestaría resistencia. No se rendiría fácilmente.

LA RESISTENCIA DEL ALMA

Uno de los aspectos que caracterizan a algunos seres humanos es que cuando no nos conviene algo tratamos de esquivarlo. Vamos por
un camino y si se pone malo y hay otro mejor,
entonces cambiamos. Esa es una de las características de esta cultura que tiene la tendencia de
desechar todo aquello que no le gusta o no le
conviene, no importa las consecuencias. Es lo
que llamo una cultura de lo desechable.

La samaritana había tenido unas horas muy
distintas a las que había planificado ese día. Todo
era diferente a lo que esperaba. Un visitante
imprevisible. Una petición imprudente. Una pregunta inoportuna. Unas afirmaciones confusas y
una confrontación directa pero misericordiosa.
Había visto con sus propios ojos cómo sus muros
fueron derribados sin avergonzarla y sin odios.

Ahora, sin barreras que la protegieran, sus
defensas estaban en agonía y al borde del colapso
total. Soledad, religión y búsqueda de placer
no impidieron que un torbellino de gracia, un
océano de misericordia, un tsunami de amor,
un tornado paz y huracán de vida abundante se
convirtieran en las lluvias apacibles que llegaran
hasta las agrestes costas de su alma.

Su mente vacilaba entre cómo protegerse de un
dardo tan directo, cómo escapar de la vergüenza,
cómo evitar aquella conversación profunda que

desnudaría su alma. Así que, ingeniosamente
trató de desviar el tema:

> Respondió la mujer y le dijo: No tengo
> marido. Jesús le dijo: Bien has dicho:
> «No tengo marido», porque cinco mari-
> dos has tenido, y el que ahora tienes no
> es tu marido; en eso has dicho la verdad.
> La mujer le dijo: Señor, me parece que tú
> eres profeta. Nuestros padres adoraron en
> este monte, y vosotros decís que en Jeru-
> salén está el lugar donde se debe adorar
> (Juan 4:17-20).

Hay quienes argumentan que ella pudo hacer
una pregunta sincera. Entiendo que esto puede
ser posible; es muy oportuno lo que dice Hen-
dricksen cuando señala lo siguiente:

> Algunos comentaristas ven en estas pala-
> bras la pregunta (implícita) de una persona
> que busca información sobre un asunto en
> el que está realmente interesada. Otros la
> consideran como una forma astuta de des-
> viar la conversación de un tema muy dolo-
> roso a otro de carácter más inocuo... Sin
> embargo, ¿por qué no se puede considerar
> posible que *las dos clases* de comentaristas
> estén en lo cierto?[11]

---

11. Hendriksen, W., *Comentario al Nuevo Testamento: El
Evangelio según San Juan* (Grand Rapids, MI: Libros Desafío,
1981), pág. 178.

Lo cierto es que aquella mujer nunca se imaginó que sería emboscada de tal manera. Inferimos que trató de desviar el tema, pero es pura inferencia lógica. Sin embargo, es evidente que introdujo nuevamente el tema religioso, algo que caracteriza a los seres humanos de todas las culturas. Todos creemos en algo. Algunos creen en lo que ven y otros en lo que no ven, pero todos creemos y todos tenemos fe. Desde el punto de vista bíblico, la cuestión crucial es en quién y en qué está puesta la fe.

No obstante, veo un común denominador entre las religiones (a excepción del cristianismo), en todos los movimientos sociales y los pensamientos de muchos filósofos, y es la idea de que la solución de los males que aquejan a la humanidad está en los mismos seres humanos que lo causaron.

Es una ironía pensar que el ser humano puede componer lo que él mismo dañó. La historia confirma guerras, experimentos sociales y filosofías tratando de buscar soluciones. No puede haber una salida porque el ser humano es conflictivo por naturaleza. Somos lo que llamo *Generadores Espontáneos de Conflictos* (GEC). Las Escrituras nos confirman esta realidad. Veamos un ejemplo. Todos los textos donde aparece la exhortación *unos a otros* suman unos 60 en todo el NT. Estos *unos a otros* se reparten entre:

- Menciones generales (13)

- Narraciones que muestran el amor entre los cristianos (37)

- Narraciones que muestran las tensiones entre los cristianos (10)

Debido a todo esto, lamentablemente concluimos que no habrá ni paz ni esperanza mientras los seres humanos sigan poniendo sus esperanzas en el hombre.

La búsqueda de soluciones a estos males por distintos medios puede hacer que estas se conviertan en objetos de adoración y obsesión por parte de los buscadores, y eso nos hace adoradores de aquello en lo que está puesta nuestra esperanza. Las religiones y los movimientos sociales buscan recomponer lo dañado por el hombre a través del hombre mismo. Sin embargo, por el evangelio vemos que la solución y la esperanza no están en el hombre ni en este mundo sino en la persona de Jesucristo, y creer en Él no es creer simplemente en conceptos, sino en una persona.

Todos somos adoradores

> La mujer le dijo: Señor, me parece que tú eres profeta. Nuestros padres adoraron en este monte, y vosotros decís que en Jerusalén está el lugar donde se debe adorar. (Juan 4:20)

Ella sacó el tema de la adoración. En este texto como en otros más, el término «adoraron» viene del griego proskuneo (προσκυν) que significa adorar, postrarse. Aparece unas 60 veces en el Nuevo Testamento; Mateo tiene 13; Marcos, 2;

Lucas, 3; Juan, 11; Hechos, 4; 1 Corintios, 1; Hebreos, 2 y Apocalipsis, 24.[12]

Jesucristo hizo una declaración crucial a la mujer samaritana que tiene que ver con la inclinación a la adoración. Todos adoramos, pero más que adorar, lo importante es qué adoramos. Hay adoración verdadera al único Dios creador de los cielos y la tierra. La adoración falsa tiene varias características. Entre ellas, podemos citar tres: la adoración estilo *buffet*, la adoración tipo bola de cristal y la adoración escéptica.

Cada uno busca y adora a su manera. Busca un dios hecho a su medida que le dé lo que desea, aunque sea pura utopía. Los seres humanos canalizan su adoración a través de la religión, la ciencia, la política o el arte. Todo el mundo adora. Todos somos adoradores de aquello que se ha forjado como una causa o ídolo de su corazón.

Nuestros padres adoraron en este monte, y vosotros decís que en Jerusalén está el lugar donde se debe adorar (Juan 4:20).

La adoración verdadera no solo implica al Dios verdadero creador del cielo y la tierra y que nos hizo a Su imagen, sino también implica que lo adoremos correctamente. Por eso Cristo le dijo a la samaritana lo siguiente:

> Dios es espíritu, y los que le adoran deben adorarle en espíritu y en verdad (Juan 4:24).

---

12. Balz, H. R., & Schneider, G., *Exegetical dictionary of the New Testament* (Grand Rapids, MI: Eerdmans, 1990), vol. 3, pág. 174).

En los Diez Mandamientos, leemos lo siguiente:

Único Dios.	No tendrás otros dioses delante de mí.
Forma de adoración.	No te harás ídolo, ni semejanza alguna de lo que está arriba en el cielo, ni abajo en la tierra, ni en las aguas debajo de la tierra.
El uso de Su nombre.	No tomarás el nombre del SEÑOR tu Dios en vano, porque el SEÑOR no tendrá por inocente al que tome su nombre en vano.
Un día para adorarlo	Acuérdate del día de reposo para santificarlo. (Éxodo 20:3, 4, 7, 8).

Podemos creer en Dios y adorarlo de manera inadecuada. Ese era precisamente el problema de los samaritanos, el de la mujer de nuestra historia y el de muchos seres humanos que pretenden adorar a Dios a su manera.

> Y los hijos de Israel secretamente hicieron cosas que no eran rectas contra el Señor su Dios. Además, se edificaron lugares altos en todas sus ciudades, desde las torres de atalaya hasta las ciudades fortificadas. Se erigieron pilares sagrados y Aseras sobre toda colina alta y bajo todo árbol frondoso. [...] Temían al Señor y servían a sus dioses conforme a la

costumbre de las naciones de donde habían
sido llevados al destierro (2 Reyes 17:9-10, 33).

Hoy en día, es igual. Hay personas que pretenden
adorar a Dios, pero tienen sus altares en sus corazones. Los ídolos del corazón no mueren.

Un encuentro con el gran yo soy

La samaritana, como buena religiosa, tenía
inquietudes y dudas. No era lo suficientemente
sabia como para saber quién era el Mesías, ni
totalmente ignorante como para no saber que
Él habría de venir.

> La mujer le dijo: Sé que el Mesías viene
> (el que es llamado Cristo); cuando Él venga
> nos declarará todo (Juan 4:25).

Ante estas dubitaciones, la respuesta de Cristo
no se hace esperar:

> Jesús le dijo: Yo soy, el que habla contigo
> (Juan 4:26).

El libro de Juan registra lo que se conoce como
«siete Yo soy de Jesús». Estos son los más conocidos, pero no son los únicos. Aquellos siete son los
más conocidos y recordados porque son imágenes,
sin embargo, aquí en este pasaje encontramos otro
que tiene una fuerza increíble: «Yo soy, el que habla
contigo» (v. 26). «Las palabras "YO SOY" nos
hacen recordar a Dios cuando le habló a Moisés
desde la zarza ardiente. Cuando Moisés le pidió

a Dios que le revelara Su nombre, Él le contestó: "YO SOY EL QUE SOY". Moisés le debía decir a los israelitas: "YO SOY me envió a vosotros" (Éxodo 3:13, 14). Jesús era el DIOS YO SOY».[13]

- «Yo soy, el que habla contigo» es la declaración que ella necesitaba oír y por fin oía.

- «Yo soy, el que habla contigo» indica la gracia salvadora de Jesús para una desconocida que Él conocía mucho mejor que ella misma.

- «Yo soy, el que habla contigo» nos hace ver con mayor claridad por qué le era necesario pasar por Samaria.

- «Yo soy, el que habla contigo» es la declaración que todos necesitan oír. Buscan aquí y allá sin darse cuenta de lo cerca que están de quien vino a buscar y salvar a los perdidos.

- «Yo soy, el que habla contigo» indica que nuestra esperanza no es etérea ni abstracta. No está lejos ni desconocida. No es exclusiva ni elitista. Está al alcance de todos. Incluso el que habló con la samaritana también está entre nosotros.

DE UNA VIDA AISLADA A UNA VIDA DE TESTIMONIO PUBLICO

La historia de la mujer samaritana termina sin una «conversión» como típicamente la vemos:

---

13. Baumler, G. P., *Juan* (Milwaukee, WI: Editorial Northwestern, 1999), pág. 73.

una predicación, un llamado y una reacción pública, como vemos en Hechos:

> Y con muchas otras palabras testificaba solemnemente y les exhortaba diciendo: Sed salvos de esta perversa generación. Entonces los que habían recibido su palabra fueron bautizados; y se añadieron aquel día como tres mil almas (Hechos 2:41-42).

Sin embargo, esta no es la única manera de expresar nuestra fe en Jesucristo. Nicodemo y la mujer samaritana tuvieron reacciones parecidas que demuestran con sus hechos (testimonios) que algo había ocurrido en sus vidas. Ambos dieron testimonio de su encuentro con Jesucristo:

Nicodemo	La samaritana
Nicodemo, el que había venido a Jesús antes, y que era uno de ellos, les dijo: ¿Acaso juzga nuestra ley a un hombre a menos que le oiga primero y sepa lo que hace? (Juan 7:51-52) Y Nicodemo, el que antes había venido a Jesús de noche, vino también, trayendo una mezcla de mirra y áloe como de cien libras (Juan 19:39).	Entonces la mujer dejó su cántaro, fue a la ciudad y dijo a los hombres: Venid, ved a un hombre que me ha dicho todo lo que yo he hecho. ¿No será éste el Cristo? Y de aquella ciudad, muchos de los samaritanos creyeron en Él por la palabra de la mujer que daba testimonio, diciendo: Él me dijo todo lo que yo he hecho. [...] y decían a la mujer: Ya no creemos por lo que tú has dicho, porque nosotros mismos le hemos oído, y sabemos que éste es en verdad el Salvador del mundo (Juan 4:28-29, 42).

De esto se desprenden dos principios fundamentales de una persona convertida: da testimonio de lo que Cristo ha hecho en ella y sale de su escondite y hace pública su fe. Nicodemo, así como como José de Arimatea, salió del anonimato, y en momentos en que los discípulos huían, ellos mostraron con sus hechos su compromiso con Cristo. Nicodemo salió del disimulo de la noche al pleno sol de la militancia. La prudencia y la precaución no pudieron con el fuego de corazón y con la pasión de seguir a Cristo.

La mujer samaritana salió de sus refugios en ruinas para ir a las multitudes que antes ella esquivaba. No sabemos qué pasó en realidad con ella, pero las reacciones a su encuentro con Jesucristo indican que Él, como el séptimo hombre de su vida, la transformó para siempre.

Un episodio impactante se dio en la vida del doctor Francis Schaeffer en París, con una mujer más o menos *samaritana*.

El doctor Schaeffer decidió tomarse un fin de semana para visitar París con un par de sus alumnos. Una noche, mientras paseaban por las calles, vieron a una prostituta parada en una esquina. Los alumnos horrorizados observaron a su mentor acercarse a la mujer. Le preguntó: «¿Cuánto cobras?». «Cincuenta dólares». La vio de arriba a abajo y dijo: «No, es demasiado poco». «Ah, sí, para los americanos son ciento cincuenta dólares». Pero él insistió de nuevo: «Es aún muy poco». Ella respondió rápidamente:

«Ah, claro, la tarifa de fin de semana para los americanos es de quinientos dólares». «No, incluso eso es aún demasiado barato». Para ese entonces la mujer estaba ya algo irritada. Dijo: «¿Cuánto valgo para usted?». Él respondió: «Señora, nunca podría pagar lo que vale usted, pero déjeme hablarle de alguien que ya lo ha hecho». Los dos hombres vieron cómo su mentor —en ese mismo momento— se arrodilló con ella en la acera y la guio en ese momento y lugar a una oración para comprometer su vida a Cristo.[14]

Un viaje en autobús

Unos amigos pasaron por mi casa para compartir las bondades de la gastronomía oriental. Después de terminar de comer, no sé por qué, pero se despertó en mí la curiosidad de regresar a casa en un autobús del transporte público.

Ya parado en medio de la multitud en pleno centro de la ciudad de Santo Domingo y vestido con el camuflaje del anonimato, esperé confuso el artefacto colectivo que me depositaría cerca de mi destino. Debo aclarar que mi última actualización sobre rutas de transporte público data de mi época de estudiante universitario.

Ante esta realidad, me enfrenté entonces a varias interrogantes. ¿Qué unidad abordar? ¿Cuánto es el costo? ¿Aceptarán billetes? Sin

14. Hahn, Scott y Kimberly, *Roma Dulce Hogar*, (Saez & Sons Publishing , 2003), págs. 13-14.

estos misterios resueltos, se detuvo frente a mí la popular nave y yo, sin proponérmelo, quedé varado en medio de una multitud frenética que, sin ningún tipo de dudas, prosiguió tenazmente hacia su objetivo: montarse en el autobús.

Aturdido, hipnotizado por el bullicio, el calor y el estupor que este tipo de situaciones producen, sin saberlo, ya estaba a bordo. No sé si subí, me subieron, o simplemente fue la gravedad de la ansiosa turba que me llevó a ser uno de los privilegiados que ahora estaba adentro. Con cierto aire de triunfo, una sonrisa nerviosa se me escapó de los labios por haberlo logrado.

Ya en plena marcha, planificaba en qué parte de aquel pasillo interno e imaginario iba a pernoctar. Inicié la casi imposible tarea de ir hacia la parte trasera, donde creía iba a estar más tranquilo; aunque no creo que hubiera reposo alguno, porque allí no había espacio ni para un estornudo.

Opté por detenerme, porque si bien no había llegado hasta donde quería, fue literalmente hasta donde pude llegar. Allí me aferré, como si fuera mi único medio de salvación, a un tubo vertical que iba desde el piso al techo. Quedé flanqueado por dos personas que tenían como propósito fundirme con el tubo. Una de ellas era una señora alta, robusta y de pelo lacio con un gran moño. Con su brazo derecho estaba abrazada del mismo tubo que yo, y en la mano del mismo brazo llevaba una sombrilla. En la mano izquierda, sostenía una bolsa plástica con diversos comestibles que distinguí bien a pesar de la posición incómoda en que me encontraba.

A simple vista, se podían observar dos aguacates gigantescos, tres cocos *secos* y una vulgar y sonriente tajada de auyama. Además, en el hombro del mismo brazo, se deslizaba una enorme cartera de la cual sobresalían dos ramos de verduras con sus respectivos cilantros, pero por lo abultada que se veía, deduje que no era lo único que llevaba adentro.

Del otro lado, como vecino inmediato de viaje, había un señor de baja estatura, que parecía luchar más que yo para sobrevivir en aquella travesía. Llevaba una gorra de los *Yankees* con la visera de lado al estilo de los cantantes de reguetón, pero después me di cuenta de que no era por moda, ni porque él así lo prefiriera, sino porque aquella ingobernable prenda de la cabeza giraba hacia el lado, el frente, hacia atrás y a tres cuartos. La vi girar por completo, según el roce de las personas al pasar. Él iba más colgado que agarrado y no se notaba perturbado por las necesarias acrobacias que las condiciones extremas del momento le exigían, porque lo hacía con tanta destreza que llegué a la conclusión de que era todo un experimentado en aquellos oficios.

Un momento de gran tensión me arropó cuando vi que la señora que tenía como vecina de viaje *desvainó* de su jaba un colosal mango. Al discernir las intenciones de aquella dama, le abrí los ojos tanto como pude, más de advertencia que de asombro, queriendo con ello desmontar los planes de llevar a mejor vida la codiciada fruta.

Ante mi expresión, la señora introdujo el mango nuevamente en su guarida. El plan funcionó, pero por poco tiempo, porque lo sacó de nuevo; entonces era ella la que me miraba con tono desafiante.

Le repuse la mirada, y en ese momento, quien pagó la consecuencia de aquel duelo mudo fue el infeliz mango. Con ira, la señora comenzó a devorar aquella fruta, en un ambiente de calor, movimientos acróbatas y un sincretismo de aromas donde no se podía distinguir uno del otro.

Sin poder ir para otro lado por mi estado de parálisis impuesta, mi frustrado escape ya no era de la señora sino del mango, y mi meta ya no era sobrevivir al viaje, sino a la fruta. Estaba ansioso y mi mente pasó por unas estaciones de emociones indescriptibles. Me preguntaba: *¿Quién me mandó a montarme aquí?* Entonces, acosado por la frustración y las dudas, sentí que me succionaba una materia babosa, pegajosa y blanda: el mango que tanto había intentado esquivar se deslizó libremente por mi cuello. No sé qué pasó, pero al voltearme, la responsable no estaba allí. Simplemente se esfumó.

Pero lo que más me asombró fue que nadie pareció haberse percatado de aquella agonía. Todo siguió igual, nadie se inmutó. Todos siguieron con sus miradas perdidas, ahogadas en los afanes de la cotidianidad y la supervivencia. Entonces, aferrado a aquel tubo, que solamente soltaría al momento de salir, me dediqué a observar a las personas que me rodeaban.

Vi a la empleada pública, bañada en sudor con su uniforme de gabardina marrón; aunque su cuerpo estaba allí, obviamente su mente no. También pude ver al inmigrante en cuyo rostro se veía el paradójico dibujo de la tristeza y la felicidad. Allí estaba, junto con los nacionales que, aunque iban en el mismo autobús, era casi seguro que sus destinos serían diferentes. Me encontré también con el obsceno, que quiere sobresalir por su vulgaridad, y con el bufón que alegraba ciertos tramos con sus ocurrencias.

Estaba tan absorto en la observación que no me llevó solamente a ver, sino también a oír. Pude ver y oír a una madre afanada que le daba lecciones de vida a su hijo de unos diez años. Le hablaba acerca del amor que tenía que mantener hacia su padre, aunque este no estuviera en casa porque los había abandonado. Le decía cómo tenía que cuidar sus libros escolares usados que acababa de comprarle; le hablaba de los tenis viejos que tendría que usar nuevamente y que él con más resignación que gusto aceptaba ponérselos otra vez. Observé al guardián privado, con sus ropas tan desgastadas como el deseo mismo de vivir; lo oí hablar de sus trasnoches, de sus rutas diarias y de las edades que ostentaba, la que tenía y la que aparentaba.

En fin, entrar en aquel autobús fue exponerme a un mundo que había olvidado. Aquel medio de transporte era una tribuna ambulante, donde nadie sabe y todos eran expertos a la misma vez. Oí hablar de todo. De religión, del calentamiento global, de la inteligencia japonesa, de los alimentos transgénicos, de política y de los éxitos de nuestros humildes atletas. En definitiva, se habló de todo, pero sin conclusiones.

Cuando pedí que se detuviera el autobús, me di cuenta de que me había pasado por dos paradas de la planificada. No había nada que hacer. Así que completé mi ruta caminando (y sudando), pero eso me sirvió para reflexionar y ver un mundo que pasa a mi lado y en ocasiones no quiero ver; no porque no pertenezca a él, sino porque lo ignoro. Ese es el mundo de los que hablan y nadie escucha, es el mundo de los que luchan más por existir que por vivir. Es el mundo de los que salen con las manos vacías y regresan muchas veces igual.

Es el mundo que nos rodea, que nos persigue y del cual sin saberlo o sabiendo, queremos escapar. Pero por aquello de las indescifrables situaciones de la soberanía de Dios, me vi allí con la única opción de buscar el propósito de aquella lección de la cual te hago partícipe. Entendí que debo orar más, que debo hacer más, que debo pensar más, sin dejar de actuar; recordé que no es suficiente luchar por mis sueños cuando los demás no pueden ni siquiera dormir. Recordé una vez más que tengo que morir a mí y despertar a las realidades de Dios, al mundo que existe y que en ocasiones no quiero conocer. Aquel autobús me llevó por «Samaria» y «Jericó», pude confirmar que también están ciegos aquellos que no tienen visión para ver lo que Dios quiere que veamos.

Ese drama ambulante me recuerda que hay otro mucho más dramático. Es el de la condición del alma, donde todo el que no tiene quién lo guíe seguirá nómada en el laberinto de su propia existencia.

La Biblia dice que ese guía se llama Jesucristo. Él es el camino, la verdad, la vida, la luz y el destino. Solo Él nos puede liberar de la condición de indigencia espiritual, de la ceguera, de ir deambulando de aquí para allá, para llevarnos a Él, el único destino seguro.